中國書店藏敦煌寫經叢帖

唐人書《大般若波羅蜜多經卷五百二十七》

中國書店

圖書在版編目（CIP）數據

唐人書大般若波羅蜜多經卷五百二十七／ 中國書店整理 .—北京：中國書店，2009.5

（中國書店藏敦煌寫經叢帖）

ISBN 978-7-80663-670-1

I．唐… II．中… III．漢字－法帖－中國－唐代 IV．J.292.24

中國版本圖書館 CIP 數據核字（2009）第 055381 號

責任編輯：呂志强　潤　農

裝幀設計：趙學强

中國書店藏敦煌寫經叢帖
唐人書《大般若波羅蜜多經卷五百二十七》

出　　版：中國書店

地　址：北京市宣武區琉璃廠東街 115 號　郵編：100050

電　話：010-63017857　　　　傳真：010-63150310

發　　行：全國新華書店經銷

製版印刷：北京百花彩印有限公司

開　　本：889×1194　1/16

印　　張：3.25

版　　次：2009 年 6 月第 1 版　2009 年 6 月第 1 次印刷

印　　數：0001-5000

書　　號：ISBN 978-7-80663-670-1/J·500

定　　價：22.00 元

出版前言

在中國源遠流長、博大精深的書法長河中，産生了豐富而多彩的書體以及數不勝數的不朽作品，至今爲人所樂道。然而，有一種書體形式，在其創制、發展乃至成熟時不被書法主流所重視，不能步入書法藝術廟堂，其後由於歷史原因塵封近千年，幾乎被人遺忘，僅僅由於一個偶然的考古發現，纔公諸於世，爲人們所關注、熟悉、重視。這就是現在書家們常常提到的敦煌寫經書法，并稱之爲『經書體』。敦煌寫經書法以其豐富的藝術内涵、高超的書法技藝、獨特的藝術風格，在中國書法史上確立了自己應有的藝術地位。

提到敦煌寫經書法，還要從神秘的敦煌説起。敦煌位於著名的『絲綢之路』上，是東西方文化交流的匯合點，一批批宗教信徒，隨着商路的開通，紛紛雲集在敦煌。古代敦煌是各種文化和宗教的匯聚之地，文化積澱極爲豐厚。

敦煌在我國古代是一個特殊的地方，當中原地區戰亂頻仍的時候，這裏却是『上下相親，晏然富殖』的聖土，文化與宗教得以發展和延續。而當這裏發生戰争時，統治者又把宗教，特别是佛教當作統治的工具，大興佛事，百姓也將佛教作爲其精神寄托，紛紛出資開鑿洞窟、抄寫經文。然而，北宋仁宗時，西夏進攻敦煌，僧衆爲避兵火，將大批文書封藏於洞窟之復室中。這一封就是九百多年，無人知曉。由於敦煌地區特殊的風土氣候，使得這些文物被完好如初地保存了下來。直至一九〇〇年，一個叫王圓籙的道士的偶然發現，纔再次展現在世人面前。其後若干年中，聞風而至的英、法、日、俄各國探險家，采用各種手段，將洞藏大部分珍貴遺書、文物捆載以去。

敦煌遺書中寫經最多，據統計，敦煌漢文遺書中的寫經大約占九成以上，其他文獻所占不到一成。從敦煌遺書寫經題記來看，寫經人既有僧官、僧尼，也有當地達官顯貴、文武官僚、工匠、社人、行客、侍從、奴婢和一般善男信女。除此之外，敦煌遺書中保存了一些由都城和其他地區送到敦煌『流通供養』的宗室成員寫經。由此可見敦煌寫經之風盛極一時。寫經的盛行，也催生了一個專事抄寫佛經的職業——經生。這些經生所寫經卷是最多的，他們的書寫代表了『寫經體』書法的基本面貌。經生們成年纍月爲人抄寫經卷，代代相沿。由於長期從事『重復性』的抄寫，書寫動作極爲熟練，用筆習慣相當定型。所以，一個群體所抄的寫卷，筆畫的『寫法』比較統一，具有相當的『穩定性』。一絲不苟，氣息連綿貫通，通篇不失一筆。敦煌寫經書法主要爲兩種字體，前期爲隸書，後期爲楷書。縱觀敦煌寫卷，還能够較清晰而自然地感受到書法隸變的痕迹。敦煌寫經書法屬於實用體書法，是以所抄寫的内容爲主，而以書法藝術爲輔的書寫形式，不可能任由書寫者表達藝術個性，自由發揮。敦煌寫經因其爲供養人崇佛之心，自然要在寫經時體現出來對佛的敬慕，字體端莊而規整，但同時又因抄經字數甚多而提高抄寫速度，二者要結合起來，所以書寫便利、書法流暢、結字合理是其首先要做到的。即便如此，在長期的書寫過程中也形成了一定的書法風格，或剛健蒼勁、或隽秀嫵媚、或純和自然、或靈動天真、或雄渾古樸、或奇逸瀟灑。

在雕版印刷發明之前，抄經在佛教的傳播方面起到了無可替代的作用，由於上自宫廷官府、下至黎民百姓均盛行抄經，其書法也表現出一定的全民性的特點。

鑒於此，一些學者或書法研究者將寫經書法歸結爲『民間書法』，此種說法是否全面，在此我們不去討論，單就寫經後期發展來看，寫經漸漸脱離了實用性的特性，表現出更爲藝術化的發展趨勢，佛家的禪意與小楷的表述特性相結合，爲小楷發展之路提供了一個契機。此種小楷書法在以後各個歷史時期書壇可謂大行其道，受到書家以及觀家的喜愛。

關於寫經體書法，已經有很多學者進行了深入的研究，本文不再贅言。下面就與敦煌寫經書法關係密切的用紙及其形制等略作介紹。

敦煌寫經用紙早期以麻紙爲主。麻紙是將舊麻布搗碎而製成的紙，但製法已相當進步。公元五〇〇年以後，紙的紋理變得更細，而在六〇〇年左右，紙已變得極薄、極有韌性。六五〇年前後起，開始逐漸使用入潢打紙寫經。打紙，是我國古代一種經過特殊的捶打工藝所製造的紙張。古代的手工造紙，所造紙張表面粗糙，纖維浮扎。用這種紙寫字，用筆澀滯，容易洇墨。所以，古人發明捶打工藝製成打紙。打紙厚度變薄，纖維致密，紙張本身更加牢實，書寫時也不易洇墨。爲了使紙張能够歷時長久，古人又發明在紙張表面上蠟的工藝。打紙研光上蠟後，表面光潔如瑩，用手輕輕抖動，發出金石之聲。

敦煌遺書所用紙張，雖因時代的不同而有差异，但長度大體在四十厘米到五十厘米左右。在書寫成卷子時，都要先在紙上畫綫，紙的上下兩端（天地）各留有三厘米左右的空白，上下各畫一道横綫。然後以一點五至一點八厘米的間隔畫竪綫，兩綫之間爲一行，每行寫十七字。大約在五世紀後半葉這種形式纔固定下來。在此之前的卷子，天地的留白很窄。每行字數有的爲十六字，有的爲十八或十九字。有時也有不畫綫的，但是把格子紙墊在下面，以使横排、竪排的字都能整齊成行。在畫有綫的紙上寫有正文。卷子的尺寸，一般是二十五至三十厘米，相當於當時的一尺。正文的起首是標題，與現在所不同的是，標題是以與正文同樣大小的字寫在第一行。通常正文一卷約爲二十至三十張紙。正文的末尾還要再一次書寫標題，但在這裏大多衹寫略題。其後是題記。題記的内容包括施捨者、書寫者、裝潢者、初校者、再校者、三校者、詳閱者、監製者的姓名，以及書寫日期、用紙數量、書寫緣由、祈願文等，其詳略程度各异。紙的末端用漿糊粘接在木軸上。在正文的前面貼裱有十五至二十厘米的紙，這就是表紙。表紙的前端用細軸木整形，中間附有細繩。外側的上端以大於正文的文字再次書寫標題。

中國書店作爲一家有着深厚傳統底蘊、在學界享有盛譽的文化企業，一直以廣泛地搜求和保護古代典籍文獻爲己任。在半個多世紀的發掘搶救古籍文獻過程中，收集了一批敦煌文獻，其中不乏極其稀見者。爲了滿足書法愛好者的需要，我們在中國書店所收藏的敦煌遺書中，選擇了部分書法風格典型、筆意獨特别緻且品相出衆的敦煌寫經加以整理，結集而出版，定名爲《中國書店藏敦煌寫經叢帖》。

爲了便於讀者鑒賞和臨習，文中隋唐時書寫的『簡體字』在釋文中原則上按通行繁體字表示。我們對每一種敦煌寫經帖原文均作釋文。對於敦煌寫經中所使用的异體字和自造字等，釋文中基本保留，盡可能的將當時的書寫習慣和文字表述特點保留下來。對所選的每一種寫經，我們結合該經卷的特點，皆作題記，將其書寫時間、表現風格、用紙情況、書法特徵等詳加闡述，爲讀者閱讀、鑒賞提供引導。我們企盼《中國書店藏敦煌寫經叢帖》的出版，能爲書法愛好者提供一套鑒賞和臨習小楷叢帖，讓廣大讀者在品賞寫經小楷的同時，體悟敦煌寫經書法藝術造詣的無限魅力。

題解

〔經名〕大般若波羅蜜多經卷五百二十七。此經在中國書店出版社出版《中國書店藏敦煌文獻》中編爲 ZSD062 號。

〔譯者〕唐玄奘譯。

〔年代〕吐蕃統治時期寫本（八世紀末九世紀初）。

〔裝幀〕卷軸裝，通卷托裱。

〔紙張數據〕首脱尾斷。

共一二紙，總長五七二點二厘米，通高二六點一厘米，三一七行，行一七字。

一紙長四八點六厘米，二八行；二紙長四八點九厘米，二八行；三紙長四八點九厘米，二八行；四紙長四八點六厘米，二八行；五紙長四八點七厘米，二八行；六紙長四八點六厘米，二八行；七紙長四八點三厘米，二八行；八紙長四七點四厘米，二七行，九紙長四九點一厘米，二八行；十紙長四九點四厘米，二八行；十一紙長四九點四厘米，二八行；十二紙長三六點二厘米，一九行，每行均一七字。

〔界欄〕烏絲欄，欄寬一點七厘米。

〔考證〕首殘→大正 220，7/704A2（首行：『無上正等菩提以果饒益諸有情類』）。

尾全→ 7/707C10（尾行：『輪度有情衆』）。

尾題作『大般若波羅蜜多經卷五百廿七』，尾背後貼紙楷書『西北義字貳叁號』七字。

卷面有删除號，有重文符號，有行間校加字及刮改。有等距紅色水漬，爲卷尾軸部所系現代紅色棉繩受潮所染。

〔書法〕楷書。

題解

〔經名〕大般若波羅蜜多經卷五百二十七。此經在中國書店出版社出版《中國書店藏敦煌文獻》中編爲ZSD062號。

〔譯者〕唐玄奘譯。

〔年代〕吐蕃統治時期寫本（八世紀末九世紀初）。

〔裝幀〕卷軸裝，通卷托裱。

〔紙張數據〕首脱尾斷。

共一二紙，總長五七二點二厘米，通高二六點一厘米，三一七行，行一七字。

一紙長四八點六厘米，二八行；二紙長四八點九厘米，二八行；三紙長四八點九厘米，二八行；四紙長四八點六厘米，二八行；五紙長四八點七厘米，二八行；六紙長四八點六厘米，二八行；七紙長四八點三厘米，二八行；八紙長四七點四厘米，二七行；九紙長四九點一厘米，二八行；十紙長四九點四厘米，二八行；十一紙長四九點四厘米，二八行；十二紙長三六點二厘米，一九行，每行均一七字。

〔界欄〕烏絲欄，欄寬一點七厘米。

〔考證〕首殘→大正220，7/704A2（首行：『無上正等菩提以果饒益諸有情類』）。

尾全→7/707C10（尾行：『輪度有情衆』）。

尾題作『大般若波羅蜜多經卷五百廿七』，尾背後貼紙楷書『西北義字貳叁號』七字。

卷面有删除號，有重文符號，有行間校加字及刮改。有等距紅色水漬，爲卷尾軸部所系現代紅色棉繩受潮所染。

〔書法〕楷書。

如是如汝所說以一切法自性皆空无取无
捨然諸有情於一切法自性空義不能解了
爲益彼故方便宣說善提分法能取善提復
次善現若諸色蘊乃至識蘊廣說乃至一切
智智於此聖法毗柰耶中皆非相應非不相
應无色无見无對一相所謂无相佛饒益
諸有情類令得正解入法實相依世俗說不
依勝義善現當知諸菩薩摩訶薩於如是一
切法應學智見學智見已如實觀察如是諸
法應可攝受如是諸法不應攝受具壽善
現即白佛言諸菩薩摩訶薩於何等法學
智見已如實觀察不應攝受於何等法學智見
已如實觀察應可攝受佛告善現諸菩薩摩
訶薩於諸聲聞獨覺等法學智見已如實觀察
不應攝受於一切智智相應諸法學智見
已如實觀察一切種相應可攝受善現當知諸
菩薩摩訶薩於此聖法毗柰耶中應如是學
甚深般若波羅蜜多具壽善現復白佛言佛
說聖法毗柰耶者何等名聖法毗柰耶何故
名聖法毗柰耶佛告善現若諸聲聞若諸獨
覺若諸菩薩若諸如來應正等覺如是一切
與貪嗔癡皆非相應非不相應與薩迦耶見
戒禁取疑皆非相應非不相應與欲貪瞋恚
皆非相應非不相應與色愛无色愛掉舉慢
无明皆非相應非不相應與四静慮四无量
四无色定皆非相應非不相應與四念住乃
至八聖道支皆非相應非不相應與苦集滅
道聖諦皆非相應非不相應與空无相无願
解脫門皆非相應非不相應與八解脫乃至
十遍處皆非相應非不相應與六波羅蜜多
皆非相應非不相應與內空乃至无性自性
空皆非相應非不相應與真如乃至不思議
界皆非相應非不相應與淨觀地乃至如來
地皆非相應非不相應與極喜地乃至法雲
地皆非相應非不相應與陀羅尼門三摩地
門皆非相應非不相應與五眼六神通皆非
相應非不相應與如來十力乃至十八佛不
共法皆非相應非不相應與大慈大悲大喜
大捨皆非相應非不相應與三十二大士相
八十隨好皆非相應非不相應與无忘失法
恒住捨性皆非相應非不相應與一切智道
相智一切相智皆非相應非不相應與預流
果乃至獨覺菩提皆非相應非不相應與諸
菩薩摩訶薩行及佛无上正等菩提皆非相
應非不相應與斷煩惱習氣相續一切智智
皆非相應非不相應與有爲界及无爲界皆
非相應非不相應善現當知彼名爲聖此是
彼聖法毗柰耶是故名聖法毗柰耶所以者
何此一切法无色无見无對一相所謂无相
彼諸聖者如實現見善現當知諸无色法與
无色法皆非相應非不相應諸无見法與无
見法皆非相應非不相應諸无對法與无對
法皆非相應非不相應諸一相法與一相法
皆非相應非不相應諸无相法與无相法皆
非相應非不相應善現當知諸菩薩摩訶薩
於此无色无見无對一相无相甚深般若波
羅蜜多常應修學學已不執一切法相
尒時善現便白佛言諸菩薩摩訶薩豈不應

諸受亦除遣此脩名脩般若波羅蜜多脩除
遣地界乃至識界亦除遣此脩名脩般若波
羅蜜多脩除遣因緣乃至增上緣亦除遣此
脩名脩般若波羅蜜多脩除遣无明乃至老
死亦除遣此脩名脩般若波羅蜜多脩除遣
入出生死及不淨觀亦除遣此脩名脩般若
波羅蜜多脩除遣四静慮四无量四无色定
亦除遣此脩名脩般若波羅蜜多脩除遣佛
隨念乃至息隨念亦除遣此脩名脩般若波
羅蜜多脩除遣无常相乃至滅想亦除遣此
脩名脩般若波羅蜜多脩除遣我想乃至見
者想亦除遣此脩名脩般若波羅蜜多脩除
遣緣起想及非緣起想亦除遣此脩名脩般
若波羅蜜多脩除遣常樂我淨想及无常无
樂无我无淨想亦除遣此脩名脩般若波羅
蜜多脩除遣四念住乃至八聖道支亦除遣
此脩名脩般若波羅蜜多脩除遣空无相无
願解門亦除遣此脩名脩般若波羅蜜多
脩除遣八解脫乃至十遍處亦隨遣此脩名
脩般若波羅蜜多脩除遣諸聖諦想及非聖
諦想亦除遣此脩名脩般若波羅蜜多脩除
遣有尋有伺三摩地无尋唯伺三摩地无尋
无伺三摩地亦除遣此脩名脩般若波羅蜜
多脩除遣苦集滅道聖諦亦除遣此脩名脩
般若波羅蜜多脩除遣苦智乃至如說智亦
除遣此脩名脩般若波羅蜜多脩除遣布施
乃至般若波羅蜜多亦除遣此脩名脩般若波
羅蜜多脩除遣內空乃至无性自性空亦除
遣此脩名脩般若波羅蜜多脩除遣真如乃
至不思議界亦除遣此脩名脩般若波羅蜜
多脩除遣淨觀地乃至如來地亦除遣此脩
名脩般若波羅蜜多脩除遣極喜地乃至法
雲地亦除遣此脩名脩般若波羅蜜多脩除
遣陀羅尼門三摩地門亦除遣此脩名脩般
若波羅蜜多脩除遣五眼六神通亦除遣此
脩名脩般若波羅蜜多脩除遣如來十力乃
至十八佛不共法亦除遣此脩名脩般若波
羅蜜多脩除遣大慈大悲大喜大捨亦除遣
此脩名脩般若波羅蜜多脩除遣三十二大
士相八十隨好亦除遣此脩名脩般若波羅
蜜多脩除遣无忘失法恒住捨性亦除遣此
脩名脩般若波羅蜜多脩除遣一切智道相
智一切相智亦除遣此脩名脩般若波羅蜜
多脩除遣預流果乃至獨覺菩提亦除遣此
脩名脩般若波羅蜜多脩除遣一切菩薩摩
訶薩行亦除遣此脩名脩般若波羅蜜多脩
除遣諸佛无上正等菩提亦除遣此脩名脩
般若波羅蜜多脩除遣永斷煩惱習氣相續
亦除遣此脩名脩般若波羅蜜多脩除遣一
切智智亦除遣此脩名脩般若波羅蜜多
尒時善現復白佛言云何菩薩摩訶薩脩除
遣色亦除遣此脩名脩般若波羅蜜多脩除
遣受想行識亦除遣此脩名脩般若波羅蜜
多廣說乃至脩除遣永斷煩惱習氣相續亦
除遣此脩名脩般若波羅蜜多脩除遣一切
智智亦除遣此脩名脩般若波羅蜜多佛告
善現諸菩薩摩訶薩行深般若波羅蜜多

二三解脫門想空爲不二八解脫想乃至十
遍處相爲二八解脫想空乃至十遍處想空
爲不二淨觀地想乃至如來地想爲二淨觀
地想空乃至如來地想空爲不二極喜地想
乃至法雲地想爲二極喜地想空乃至法雲
地想空爲不二陀羅尼門三摩地門想爲二
陀羅尼門三摩地門想空爲不二五眼六神
通想爲二五眼六神通想空爲不二如來十
力想乃至十八佛不共法想爲二如來十力
想空乃至十八佛不共法想空爲不二大慈
大悲大喜大捨想爲二大慈大悲大喜大捨
想空爲不二三十二相八十隨好想爲二三
十二相八十隨好想空爲不二无忘失法恒
住捨性想爲二无忘失法恒住捨性想空爲
不二一切智道相智一切相智想爲二一切
智道相智一切相智想空爲不二預流果想
乃至獨覺菩提想爲二預流果想空乃至獨
覺菩提想空爲不二一切菩薩摩訶薩行諸
佛无上正等菩提想爲二一切菩薩摩訶薩
行諸佛无上正等菩提想空爲不二有爲界
无爲界想爲二有爲界无爲界想空爲不二
善現當知乃至一切想皆爲二乃至一切二
皆是有乃至一切有皆有生死有生死者不
能解脫生老病死愁歎苦憂惱善現當知諸
想空者皆爲不二諸不二者皆是非有諸非
有者皆无生死无生死者便能解脫生老病
死愁歎苦憂惱由此因緣當知一切有二想
者定无布施乃至般若波羅蜜多无道无得
亦无現觀下至順忍彼尚非有况能遍知色
廣說乃至一切智智彼尚不能脩諸聖道况
能得預流果乃至獨覺菩提况能永斷一切
煩惱習氣相續證得无上正等菩提轉妙法
輪度有情衆

大般若波羅蜜多經卷第三百廿七

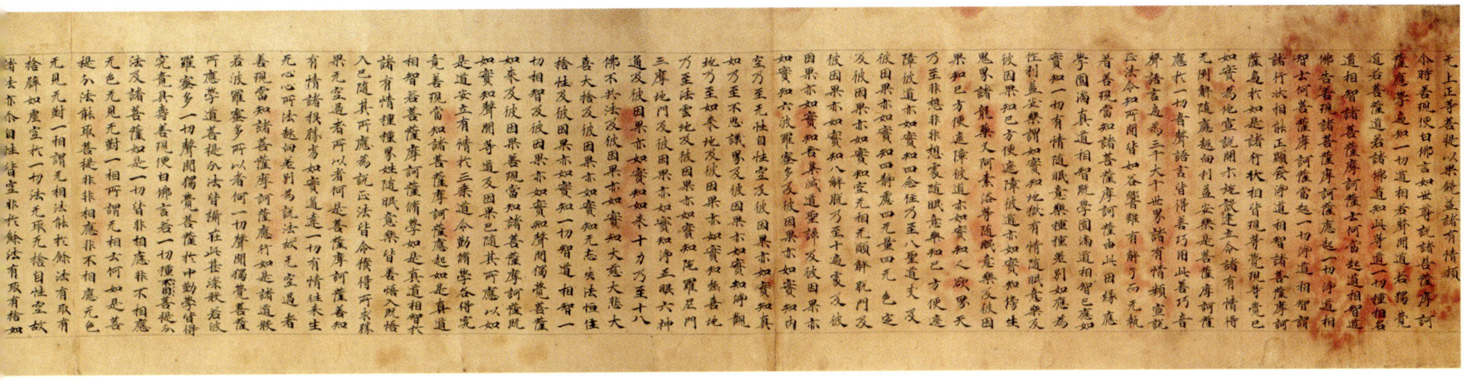

无上正等菩提以果饒益諸有情類
尒時善現便白佛言如世尊說諸菩薩摩訶
薩應學遍知一切道相若聲聞道若獨覺
道若菩薩道若諸佛道知此等道一切種相若
道相智諸菩薩摩訶薩云何當起道相智道
佛告善現諸菩薩摩訶薩應起一切淨道相
智云何菩薩摩訶薩當起一切淨道相智謂
諸行狀相能正顯發淨道相智諸菩薩摩訶
薩遍於如是諸行狀相皆現等覺現等覺已
如實爲他宣說開示施設建立令諸有情得
无倒解隨順趣向利益安樂是菩薩摩訶薩
應於一切音聲語言皆得善巧用此善巧音
聲語言遍爲三千大千世界諸有情類宣說
正法令知所聞皆如谷響雖有解了而无執
著善現當知諸菩薩摩訶薩由此因緣應
學圓滿真道相智既學圓滿道相智已應如
實知一切有情隨眠意樂種種差別如應爲
作利益安樂謂如實知地獄有情隨眠意樂及
彼因果知已方便遮障彼道亦如實知傍生
鬼界諸龍藥叉阿素洛等隨眠意樂及彼因
果知已方便遮障彼道亦如實知人欲界天
乃至非想非非想處隨眠意樂知已方便遮
障彼道亦如實知四念住乃至八聖道支及
彼因果亦如實知四靜慮四无量四无色定
及彼因果亦如實知空无相无願解脫門及
彼因果亦如實知八解脫乃至十遍處及彼
因果亦如實知苦集滅道聖諦及彼因果亦
如實知六波羅蜜多及彼因果亦如實知內
空乃至无性自性空及彼因果亦如實知真
如乃至不思議界及彼因果亦如實知淨觀
地乃至如來地及彼因果亦如實知極喜地
乃至法雲地及彼因果亦如實知陀羅尼門
三摩地門及彼因果亦如實知淨五眼六神
通及彼因果亦如實知如來十力乃至十八
佛不共法及彼因果亦如實知大慈大悲大
喜大捨及彼因果亦如實知无忘失法恒住
捨性及彼因果亦如實知一切智道相智一
切相智及彼因果亦如實知聲聞獨覺菩薩
如來及彼因果善現當知諸菩薩摩訶薩既
如實知聲聞等道及因果已隨其所應以如
是道安立有情於三乘道令勤修學各得究
竟善現當知諸菩薩摩訶薩應起如是真道
相智若菩薩摩訶薩修學如是真道相智於
諸有情種種界姓隨眠意樂皆善悟入既悟
入已隨其所應爲說正法皆令獲得所求勝
果无空過者所以者何是菩薩摩訶薩善知
有情諸根勝劣如實通達一切有情往來生
死心心所法趣向差別爲說法故无空過者
善現當知諸菩薩摩訶薩應行如是諸道般
若波羅蜜多所以者何一切聲聞獨覺菩薩
所應學道菩提分法皆攝在此甚深般若波
羅蜜多一切聲聞獨覺菩薩於中勤學皆得
究竟具壽善現便白佛言若一切種菩提分
法及諸菩薩如是一切皆非相應非不相應
无色无見无對一相所謂无相云何如是菩
提分法能取菩提非非相應非不相應无色
无見无對一相謂无相法能於餘法有取有
捨譬如虛空於一切法无取无捨自性空故
諸法亦尒自性皆空非於餘法有取有捨如

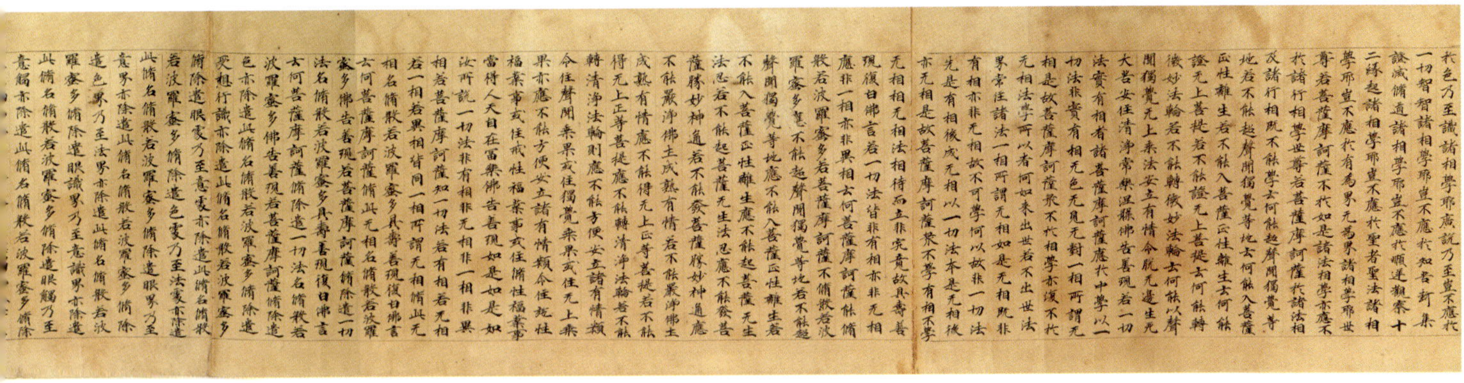

於色乃至識諸相學耶廣說乃至豈不應於
一切智智諸相學耶豈不應於知苦斷集
證滅修道諸相學耶豈不應於順逆觀察十
二緣起諸相學耶豈不應於聖者聖法諸相
學耶豈不應於有爲界无爲界諸相學耶世
尊若菩薩摩訶薩不於如是諸法相學亦應不
於諸行相學世尊若菩薩摩訶薩於諸法相
及諸行相既不能學云何能超聲聞獨覺等
地若不能超聲聞獨覺等地云何能入菩薩
正性離生若不能入菩薩正性離生云何能
證无上菩提若不能證无上菩提云何能轉
微妙法輪若不能轉微妙法輪云何能以聲
聞獨覺无上乘法安立有情令脫无邊生死
大苦安住清淨常樂涅槃佛告善現若一切
法實有相者諸菩薩摩訶薩應於中學以一
切法非實有相无色无見无對一相所謂无
相是故菩薩摩訶薩衆不於相學亦復不於
无相法學所以者何如來出世若不出世法
界常住諸法一相所謂无相如是无相既非
有相亦非无相故不可學何以故非一切法
先是有相後成无相以一切法本是无相後
亦无相是故菩薩摩訶薩衆不學有相不學
无相相无相法相待而立非究竟故具壽善
現復白佛言若一切法皆非有相亦非无相
應非一相亦非異相云何菩薩摩訶薩能修
般若波羅蜜多若菩薩摩訶薩不修般若波
羅蜜多必不能超聲聞獨覺等地若不能超
聲聞獨覺等地應不能入菩薩正性離生若
不能入菩薩正性離生應不能起菩薩无生
法忍若不能起菩薩无生法忍應不能發菩
薩勝妙神通若不能發菩薩勝妙神通應
不能嚴淨佛土成熟有情若不能嚴淨佛土
成熟有情應不能得无上正等菩提若不能
得无上正等菩提應不能轉清淨法輪若不能
轉清淨法輪則應不能方便安立諸有情類
令住聲聞乘果或住獨覺乘果或住无上乘
果亦應不能方便安立諸有情類令住施性
福業事或住戒性福業事或住修性福業事
當得人天自在富樂佛告善現如是如是如
汝所說一切法非有相非无相非一相非異
相若菩薩摩訶薩知一切法若有相若无相
若一相若異相皆同一相所謂无相修此无
相名修般若波羅蜜多具壽善現復白佛言
云何菩薩摩訶薩修此无相名修般若波羅
蜜多佛告善現若菩薩摩訶薩修除遣一切
法名修般若波羅蜜多具壽善現復白佛言
云何菩薩摩訶薩修除遣一切法名修般若
波羅蜜多佛告善現若菩薩摩訶薩修除遣
色亦除遣此修名修般若波羅蜜多修除遣
受想行識亦除遣此修名修般若波羅蜜多
修除遣眼處乃至意處亦除遣此修名修般
若波羅蜜多修除遣色處乃至法處亦除遣
此修名修般若波羅蜜多修除遣眼界乃至
意界亦除遣此修名修般若波羅蜜多修除
遣色界乃至法界亦除遣此修名修般若波
羅蜜多修除遣眼識界乃至意識界亦除遣
此修名修般若波羅蜜多修除遣眼觸乃至
意觸亦除遣此修名修般若波羅蜜多修除

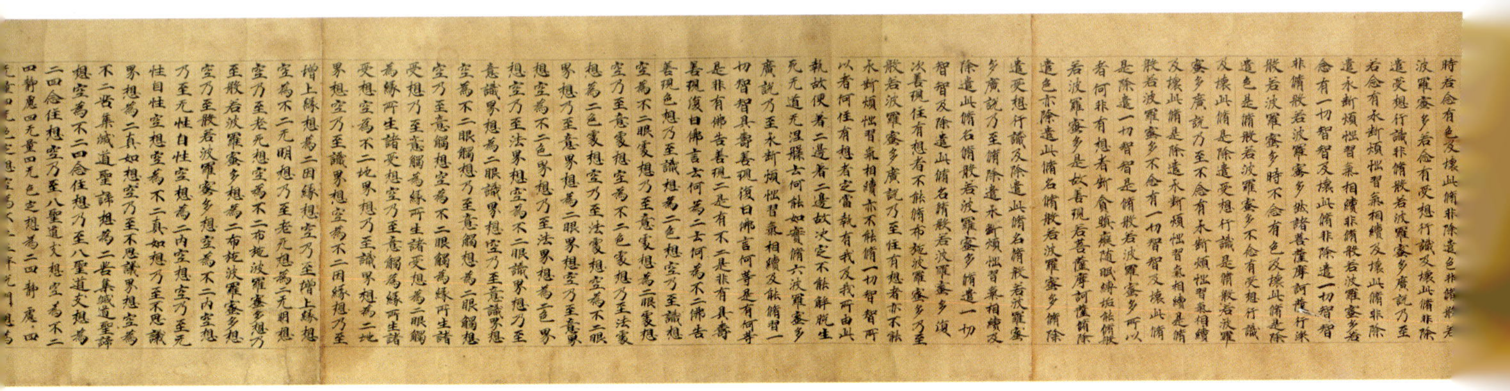

時若念有色及壞此修非除遣色非修般若
波羅蜜多若念有受想行識及壞此修非除
遣受想行識非修般若波羅蜜多廣說乃至
若念有永斷煩惱習氣相續及壞此修非除
遣永斷煩惱習氣相續非修般若波羅蜜多若
念有一切智智及壞此修非除遣一切智智
非修般若波羅蜜多然諸菩薩摩訶薩行深
般若波羅蜜多時不念有色及壞此修是除
遣色是修般若波羅蜜多不念有受想行識
及壞此修是除遣受想行識是修般若波羅
蜜多廣說乃至不念有永斷煩惱習氣相續
及壞此修是除遣永斷煩惱習氣相續是修
般若波羅蜜多不念有一切智智及壞此修
是除遣一切智智是修般若波羅蜜多所以
者何非有想者斷貪瞋癡隨眠纏垢能修般
若波羅蜜多是故善現若菩薩摩訶薩修除
遣色亦除遣此修名修般若波羅蜜多修除
遣受想行識及除遣此修名修般若波羅蜜
多廣說乃至修除遣永斷煩惱習氣相續及
除遣此修名修般若波羅蜜多修除遣一切
智智及除遣此修名修般若波羅蜜多復
次善現住有想者不能修布施波羅蜜多乃至
般若波羅蜜多廣說乃至住有想者亦不能
永斷煩惱習氣相續亦不能修一切智智所
以者何住有想者定當執有我及我所由此
執故便著二邊著二邊故決定不能解脫生
死无道无涅槃云何能如實修六波羅蜜多
廣說乃至永斷煩惱習氣相續及能修習一
切智智具壽善現復白佛言何等是有何等
是非有佛告善現二是有不二是非有具壽
善現復白佛言云何爲二云何爲不二佛告
善現色想乃至識想爲二色想空乃至識想
空爲不二眼處想乃至意處想爲二眼處想
空乃至意處想空爲不二色處想乃至法處
想爲二色處想空乃至法處想空爲不二眼
界想乃至意界想爲二眼界想空乃至意界
想空爲不二色界想乃至法界想爲二色界
想空乃至法界想空爲不二眼識界想乃至
意識界想爲二眼識界想空乃至意識界想
空爲不二眼觸想乃至意觸想爲二眼觸想
空乃至意觸想空爲不二眼觸爲緣所生諸
受想乃至意觸爲緣所生諸受想爲二眼觸
爲緣所生諸受想空乃至意觸爲緣所生諸
受想空爲不二地界想乃至識界想爲二地
界想空乃至識界想空爲不二因緣想乃至
增上緣想爲二因緣想空乃至增上緣想
空爲不二无明想乃至老死想爲二无明想
空乃至老死想空爲不二布施波羅蜜多想乃
至般若波羅蜜多想爲二布施波羅蜜多想
空乃至般若波羅蜜多想空爲不二內空想
乃至无性自性空想爲二內空想空乃至无
性自性空想空爲不二真如想乃至不思議
界想爲二真如想空乃至不思議界想空爲
不二苦集滅道聖諦想爲二苦集滅道聖諦
想空爲不二四念住想乃至八聖道支想爲
二四念住想空乃至八聖道支想空爲不二
四靜慮四无量四无色定想爲二四靜慮四

無上正等菩提。以果饒益諸有情類

爾時善現便白佛言。如世尊說。諸菩薩摩訶薩應學遍知一切道相。若聲聞道。若獨覺道。若菩薩道。若諸佛道。知此等道一切種相名道相智。諸菩薩摩訶薩云何當起道相智道。佛告善現。諸菩薩摩訶薩應起一切淨道相智。云何菩薩摩訶薩當起一切淨道相智。謂諸行狀相能正顯發淨道相智。諸菩薩摩訶

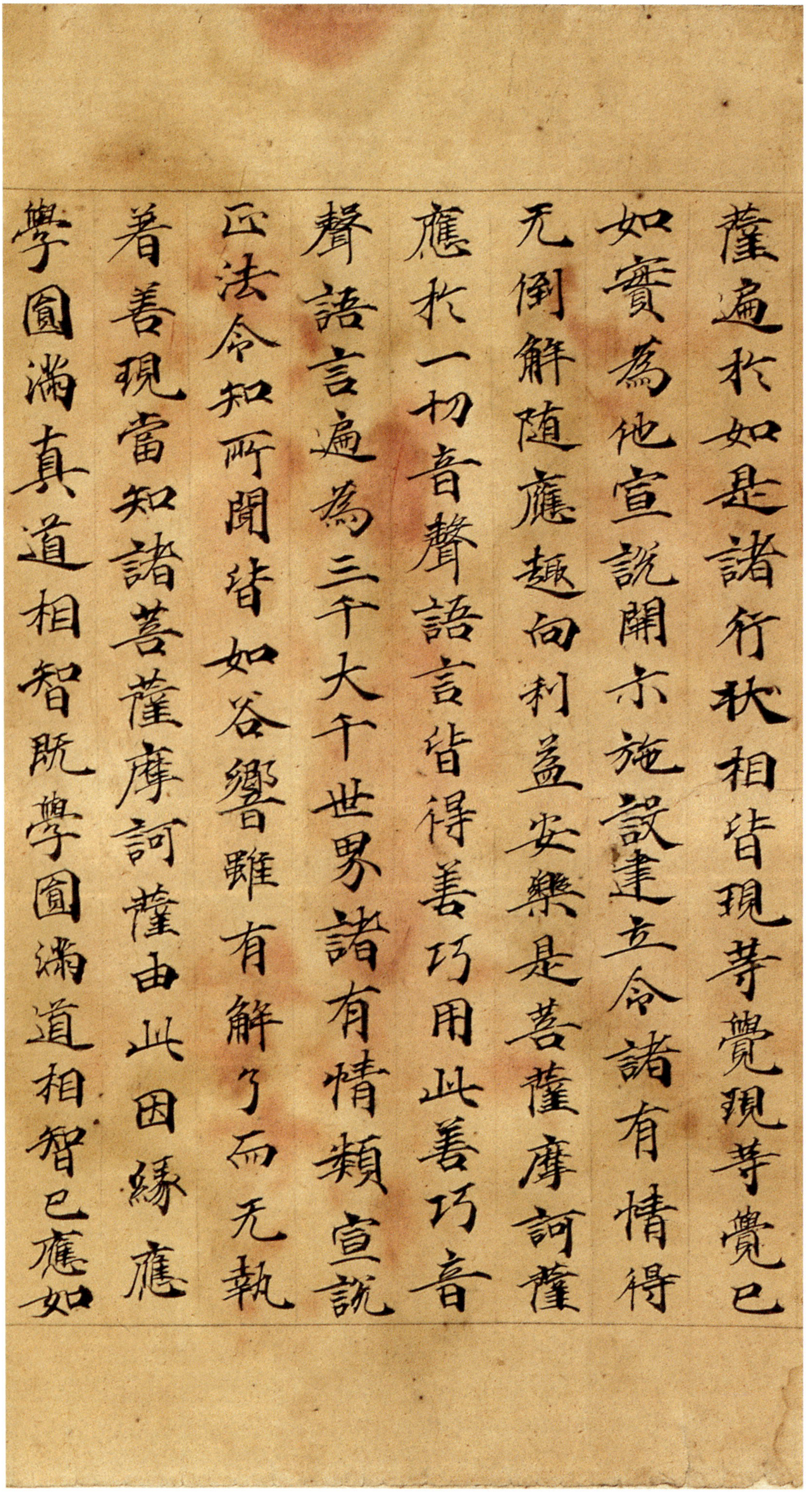
薩遍於如是諸行狀相皆現等覺現等覺已
如實為他宣說開示施設建立令諸有情得
无倒解隨應趣向利益安樂是菩薩摩訶薩
應於一切音聲語言皆得善巧用此善巧音
聲語言遍為三千大千世界諸有情類宣說
正法令知所聞皆如谷響雖有解了而无執
著善現當知諸菩薩摩訶薩由此因緣應
學圓滿真道相智既學圓滿道相智已應如

薩遍於如是諸行狀相皆現等覺。現等覺已如實為他宣說開示施設建立。令諸有情得無倒解。隨應趣向利益安樂。是菩薩摩訶薩應於一切音聲語言皆得善巧。用此善巧音聲語言。遍為三千大千世界諸有情類宣說正法。令知所聞皆如谷響。雖有解了而無執著。善現當知。諸菩薩摩訶薩由此因緣應學圓滿真道相智。既學圓滿道相智已。應如實知一切有情隨眠意樂種種差別。如應為作利益安樂。謂如實知地獄有情隨眠意樂及彼因果。知已方便遮障彼道。亦如實知傍生鬼界諸龍藥叉阿素洛等隨眠意樂及彼因果。知已方便遮障彼道。亦如實知人欲界天乃至非想非非想處隨眠意樂。知已方便遮障彼道。亦如實知四念住乃至八聖道支及彼因果。亦如實知四靜慮四無量四無色定

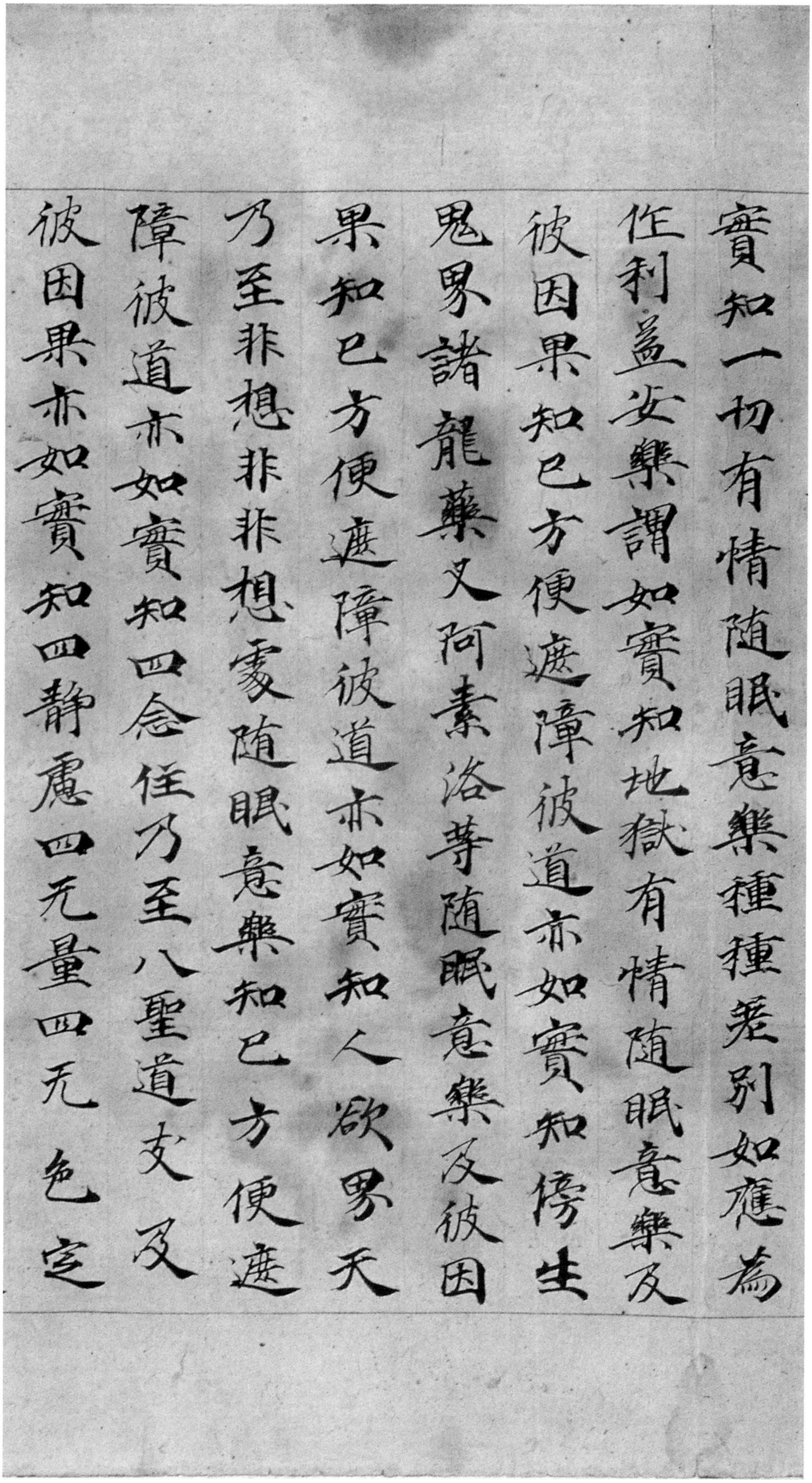

實知一切有情隨眠意樂種種差別如應為
作利益安樂謂如實知地獄有情隨眠意樂及
彼因果知已方便遮障彼道亦如實知傍生
鬼界諸龍藥叉阿素洛等隨眠意樂及彼因
果知已方便遮障彼道亦如實知人欲界天
乃至非想非非想處隨眠意樂知已方便遮
障彼道亦如實知四念住乃至八聖道支及
彼因果亦如實知四靜慮四无量四无色定

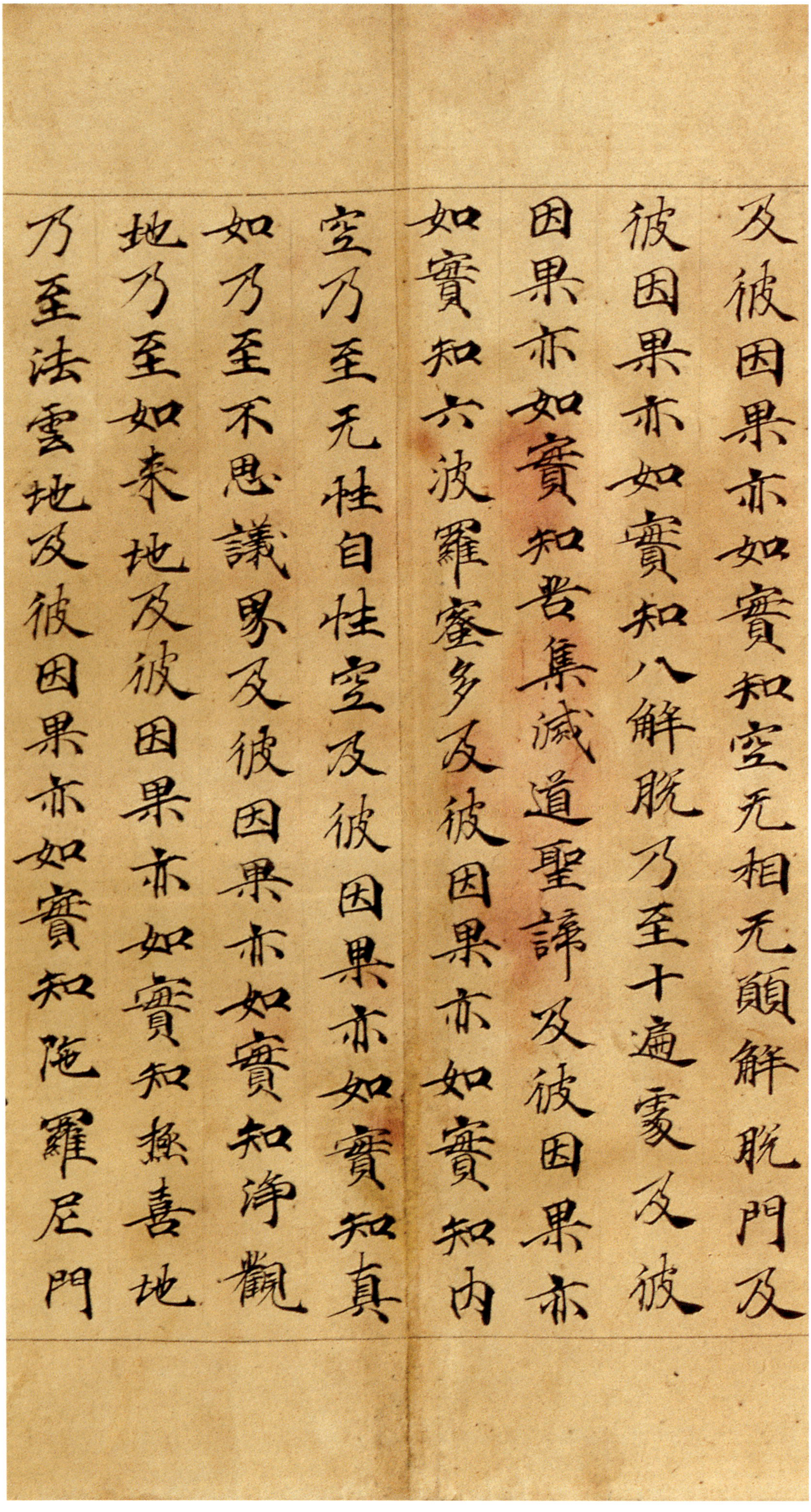

及彼因果。亦如實知空無相無願解脫門及彼因果。亦如實知八解脫乃至十遍處及彼因果。亦如實知苦集滅道聖諦及彼因果。亦如實知六波羅蜜多及彼因果。亦如實知內空乃至無性自性空及彼因果。亦如實知真如乃至不思議界及彼因果。亦如實知淨觀地乃至如來地及彼因果。亦如實知極喜地乃至法雲地及彼因果。亦如實知陀羅尼門

三摩地門及彼因果亦如實知淨五眼六神
通及彼因果亦如實知如來十力乃至十八
佛不共法及彼因果亦如實知大慈大悲大
喜大捨及彼因果亦如實知无忘失法恒住
捨性及彼因果亦如實知一切智道相智一
切相智及彼因果亦如實知聲聞獨覺菩薩
如來及彼因果善現當知諸菩薩摩訶薩既
如實知聲聞等道及因果已隨其所應以如

三摩地門及彼因果。亦如實知淨五眼六神通及彼因果。亦如實知如來十力乃至十八佛不共法及彼因果。亦如實知大慈大悲大喜大捨及彼因果。亦如實知無忘失法恒住捨性及彼因果亦如實知一切智道相智一切相智及彼因果。亦如實知聲聞獨覺菩薩如來及彼因果。善現當知。諸菩薩摩訶薩既如實知聲聞等道及因果已。隨其所應以如

是道安立有情扵三乗道令勤脩學各得究
竟善現當知諸菩薩摩訶薩應起如是真道
相智若菩薩摩訶薩脩學如是真道相智扵
諸有情種種界姓隨眠意樂皆善悟入既悟
入已隨其所應為說正法皆令獲得所求勝
果无空過者所以者何是菩薩摩訶薩善知
有情諸根勝劣如實通達一切有情往來生
死心心所法趣向差別為說法故无空過者

是道安立有情於三乘道。令勤修學各得究竟。善現當知諸菩薩摩訶薩應起如是真道相智。若菩薩摩訶薩修學如是真道相智。於諸有情種種界性隨眠意樂皆善悟入。既悟入已隨其所應為說正法。皆令獲得所求勝果無空過者。所以者何。是菩薩摩訶薩善知有情諸根勝劣。如實通達一切有情往來生死心心所法趣向差別。為說法故無空過者。

善現當知諸菩薩摩訶薩應行如是諸道般
若波羅蜜多所以者何一切聲聞獨覺菩薩
所應學道菩提分法皆攝在此甚深般若波
羅蜜多一切聲聞獨覺菩薩於中勤學皆得
究竟具壽善現便白佛言若一切種菩提分
法及諸菩薩如是一切皆非相應非不相應
无色无見无對一相所謂无相云何如是菩
提分法能取菩提非非相應非不相應无色

善現當知。諸菩薩摩訶薩應行如是諸道般若波羅蜜多。所以者何。一切聲聞獨覺菩薩所應學道菩提分法。皆攝在此甚深般若波羅蜜多。一切聲聞獨覺菩薩於中勤學皆得究竟。具壽善現便白佛言。若一切種菩提分法及諸菩薩。如是一切皆非相應非不相應。無色無見無對一相所謂無相。云何如是菩提分法能取菩提。非非相應非不相應。無色

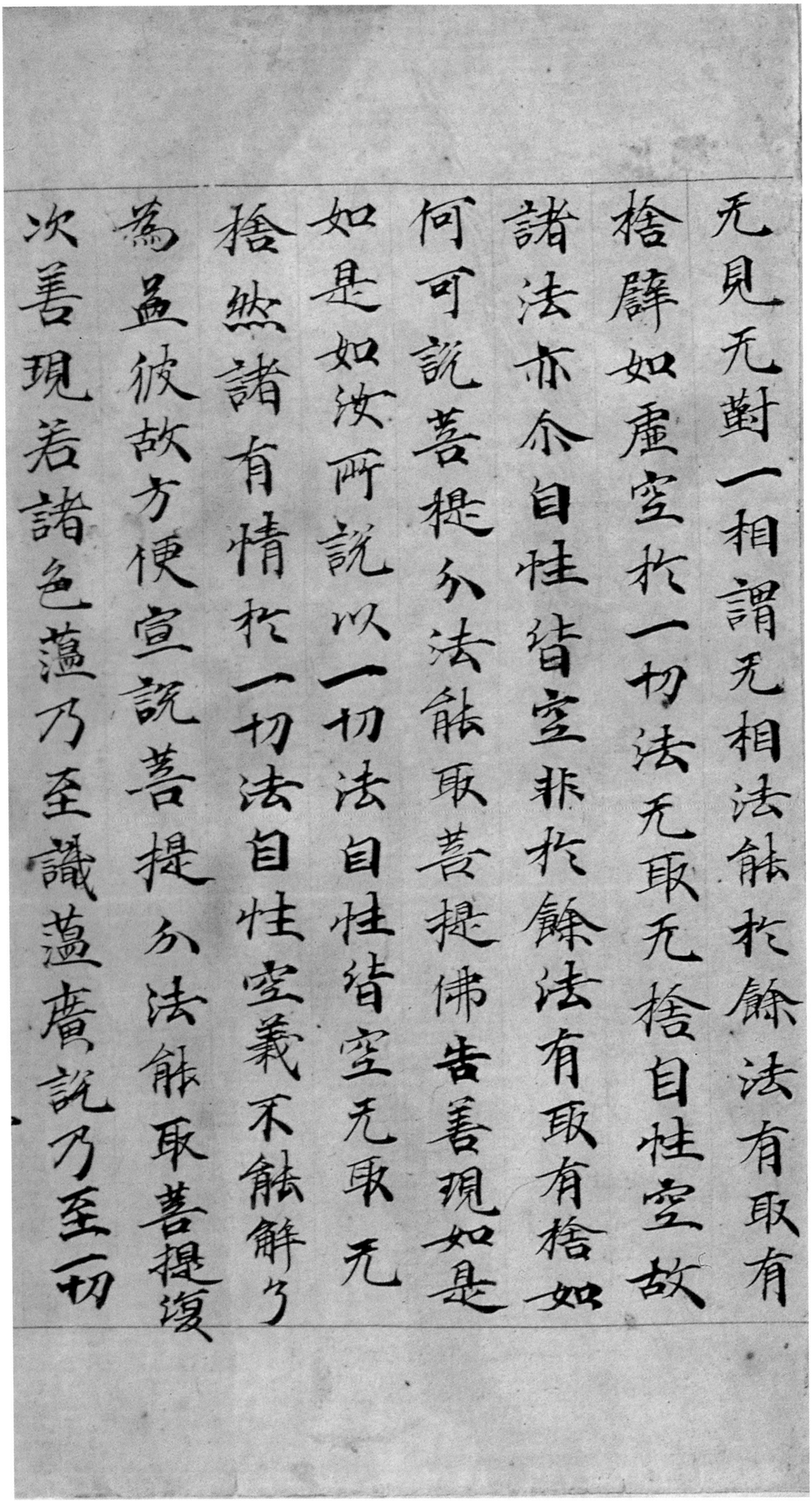
无見无對一相謂无相法能於餘法有取有
捨譬如虛空於一切法无取无捨自性空故
諸法亦尒自性皆空非於餘法有取有捨如
何可說菩提分法能取菩提佛告善現如是
如是如汝所說以一切法自性皆空无取无
捨然諸有情於一切法自性空義不能解了
為益彼故方便宣說菩提分法能取菩提復
次善現若諸色蘊乃至識蘊廣說乃至一切

無見無對一相謂無相法。能於餘法有取有捨。譬如虛空於一切法無取無捨。自性空故。諸法亦爾自性皆空。非於餘法有取有捨。如何可說菩提分法能取菩提。佛告善現。如是如是。如汝所說。以一切法自性皆空無取無捨。然諸有情於一切法自性空義不能解了。為益彼故方便宣說菩提分法能取菩提。復次善現。若諸色蘊乃至識蘊。廣說乃至一切智智。於此聖法毗奈耶中皆非相應非不相應。無色無見無對一相所謂無相。佛饒益諸有情類令得正解入法實相。依世俗說不依勝義。善現當知。諸菩薩摩訶薩於如是一切法應學智見。學智見已如實觀察。如是諸法應可攝受。如是諸法不應攝受。具壽善現即白佛言。諸菩薩摩訶薩於何等法學智見已如實觀察不應攝受。於何等法學智見已如實觀察不應攝受。於何等法。學智見

已如實觀察應可攝受佛告善現諸菩薩摩
訶薩於諸聲聞獨覺等法學智見已如實觀察
不應攝受於一切智智相應諸法學智見
已如實觀察一切種相應可攝受善現當知諸
菩薩摩訶薩於此聖法毗柰耶中應如是學
甚深般若波羅蜜多具壽善現復白佛言佛
說聖法毗柰耶者何等名聖法毗柰耶何故
名聖法毗柰耶佛告善現若諸聲聞若諸獨

已如實觀察應可攝受。佛告善現。諸菩薩摩訶薩於諸聲聞獨覺等法。學智見已如實觀察不應攝受。於一切智智相應諸法。學智見已如實觀察一切種相應可攝受。善現當知。諸菩薩摩訶薩於此聖法毗奈耶中。如是學甚深般若波羅蜜多。具壽善現復白佛言。佛說聖法毗奈耶者。何等名聖法毘奈耶。何故名聖法毘奈耶。佛告善現。若諸聲聞。若諸獨

覺若諸菩薩若諸如来應正等覺如是一切
與貪嗔癡皆非相應非不相應與薩迦耶見
戒禁取疑皆非相應非不相應與欲貪瞋恚
皆非相應非不相應與色愛无色愛掉舉慢
无明皆非相應非不相應與四靜慮四无量
四无色定皆非相應非不相應與四念住乃
至八聖道支皆非相應非不相應與苦集滅
道聖諦皆非相應非不想應與空无相无願

覺。若諸菩薩。若諸如來應正等覺。如是一切與貪嗔痴皆非相應非不相應。與薩迦耶見戒禁取疑皆非相應非不相應。與欲貪嗔恚皆非相應非不相應。與色愛無色愛掉舉慢無明皆非相應非不相應。與四靜慮四無量四無色定皆非相應非不相應。與四念住乃至八聖道支皆非相應非不相應。與苦集滅道聖諦皆非相應非不想應。與空無相無願

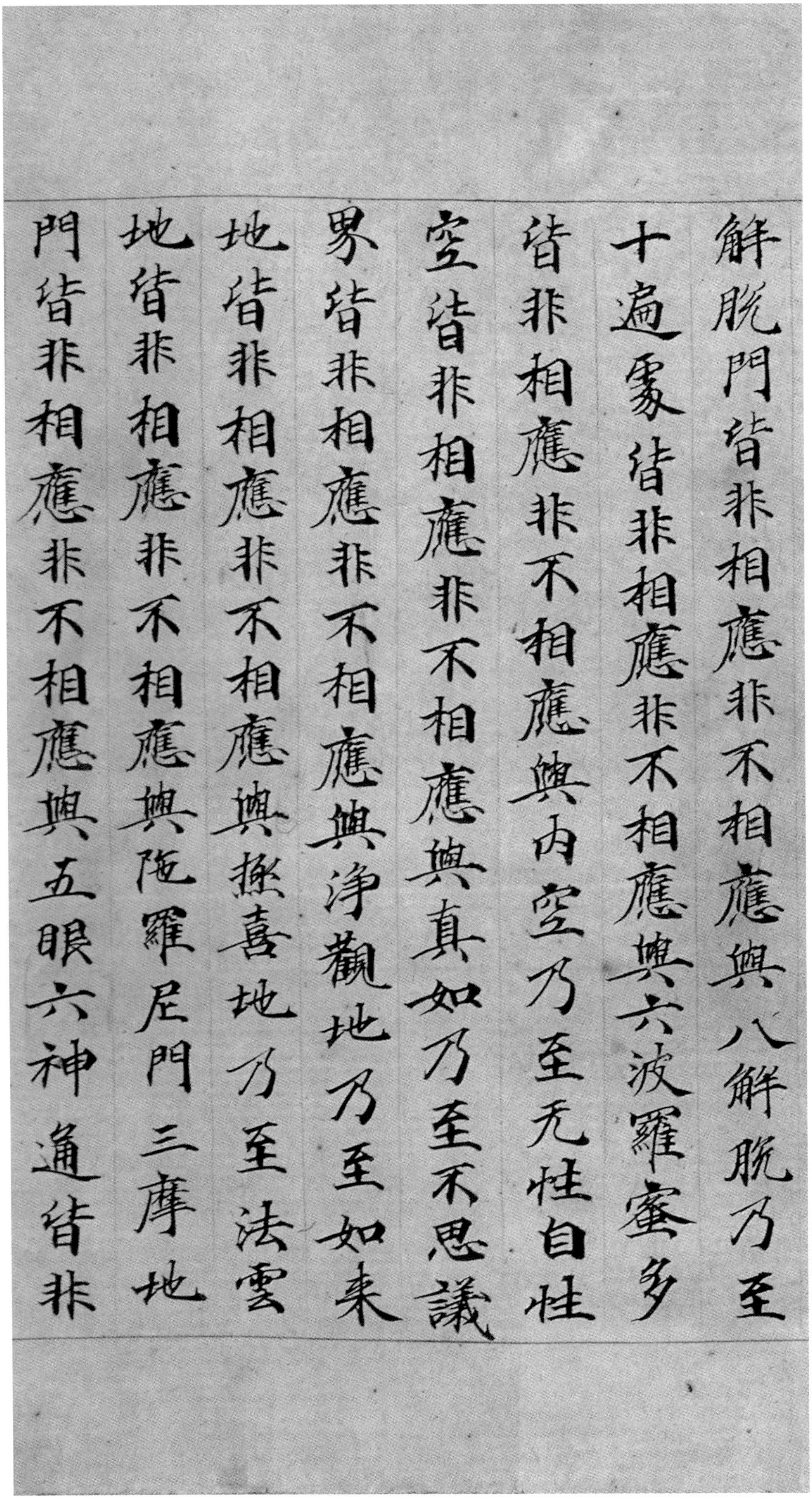

解脫門皆非相應非不相應。與八解脫乃至十遍處皆非相應非不相應。與六波羅蜜多皆非相應非不相應。與內空乃至無性自性空皆非相應非不相應。與真如乃至不思議界皆非相應非不相應。與淨觀地乃至如來地皆非相應非不相應。與極喜地乃至法雲地皆非相應非不相應。與陀羅尼門三摩地門皆非相應非不相應。與五眼六神通皆非

相應非不相應與如來十力乃至十八佛不
共法皆非相應非不相應與大慈大悲大喜
大捨皆非相應非不相應與三十二大士相
八十隨好皆非相應非不相應與无忘失法
恒住捨性皆非相應非不相應與一切智道
相智一切相智皆非相應非不相應與預流
果乃至獨覺菩提皆非相應非不相應與諸
菩薩摩訶薩行及佛无上正等菩提皆非相

相應非不相應。與如來十力乃至十八佛不共法皆非相應非不相應。與大慈大悲大喜大捨皆非相應非不相應。
與三十二大士相八十隨好皆非相應非不相應。與無忘失法恒住捨性皆非相應非不相應。與一切智道相智
一切相智皆非相應非不相應。與預流果乃至獨覺菩提皆非相應非不相應。與諸菩薩摩訶薩行及佛無上正
等菩提皆非相

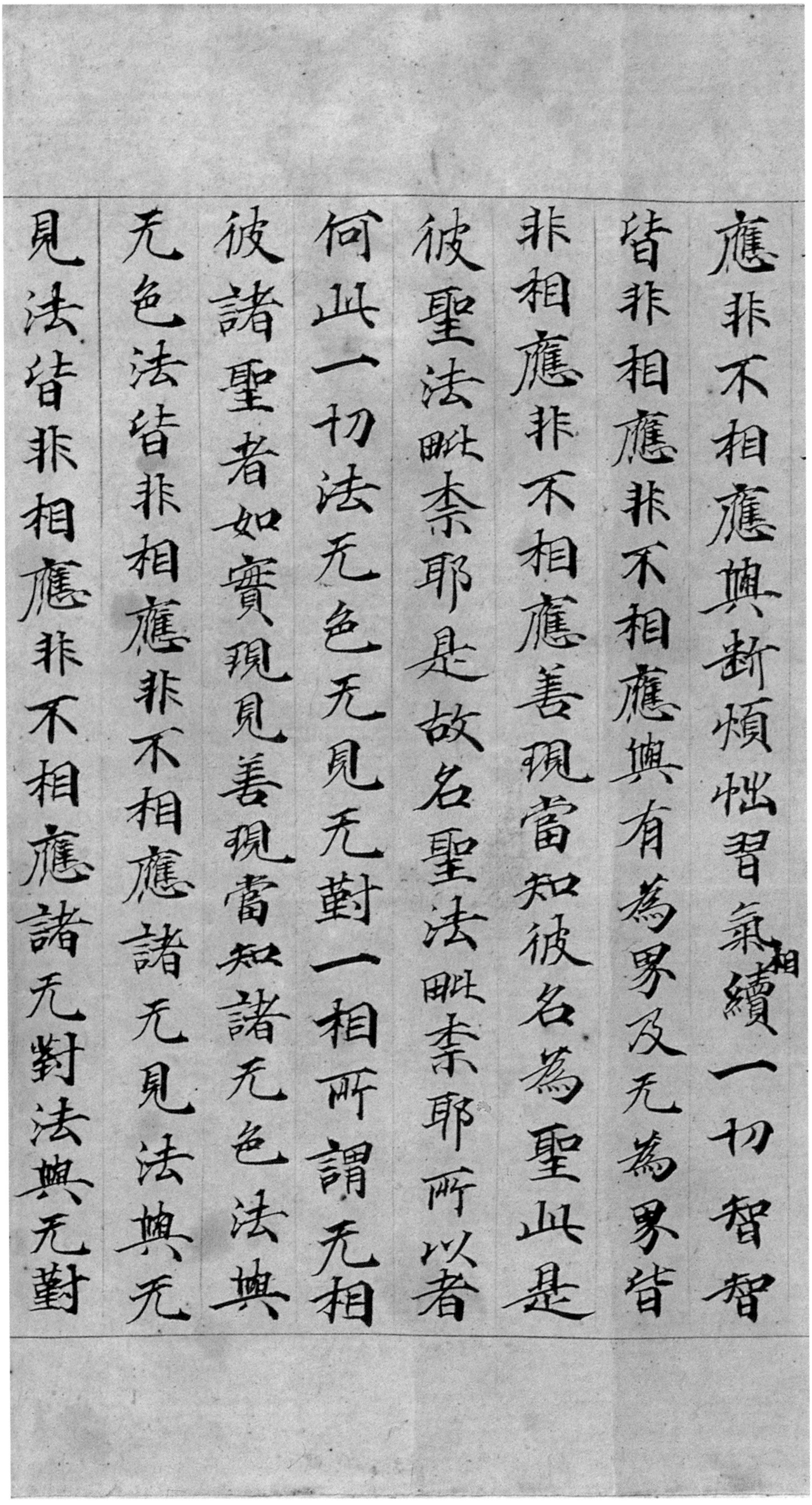

應非不相應。與斷煩惱習氣相續一切智智皆非相應非不相應。與有為界及無為界皆非相應非不相應。善現當知。彼名為聖。此是彼聖法毗奈耶。是故名聖法毗奈耶。所以者何。此一切法無色無見無對一相。所謂無相。彼諸聖者如實現見。善現當知。諸無色法與無色法皆非相應非不相應。諸無見法與無見法皆非相應非不相應。諸無對法與無對

法皆非相應非不相應諸一相法與一相法
皆非相應非不相應諸无相法與无相法皆
非相應非不相應善現當知諸菩薩摩訶薩
於此无色无見无對一相无相甚深般若波
羅蜜多常應脩學學已不報一切法相
尒時善現便白佛言諸菩薩摩訶薩豈不應
於色乃至識諸相學耶廣說乃至豈不應於
一切智智諸相學耶豈不應於知苦斷集

法皆非相應非不相應。諸一相法與一相法皆非相應非不相應。諸無相法與無相法皆非相應非不相應。善現當知。諸菩薩摩訶薩於此無色無見無對一相無相甚深般若波羅蜜多常應修學。學已不報一切法相
爾時善現便白佛言。諸菩薩摩訶薩豈不應於色乃至識諸相學耶。廣說乃至豈不應於一切智智諸相學耶。
豈不應於知苦斷集

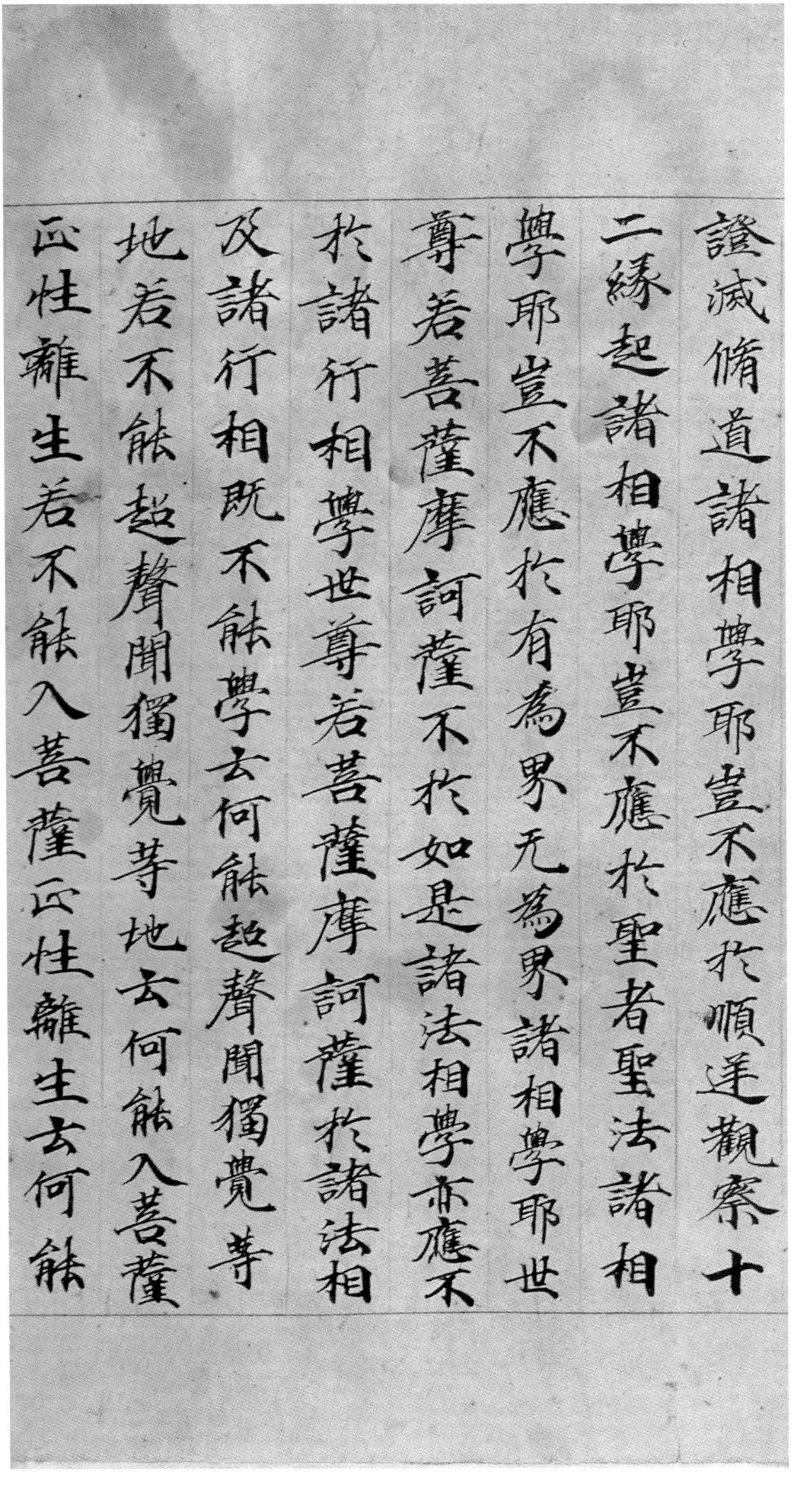

證滅修道諸相學耶。豈不應於順逆觀察十二緣起諸相學耶。豈不應於聖者聖法諸相學耶。豈不應於有為界無為界諸相學耶。世尊。若菩薩摩訶薩不於如是諸法相學。亦應不於諸行相學。世尊。若菩薩摩訶薩於諸法相及諸行相既不能學。云何能超聲聞獨覺等地。若不能超聲聞獨覺等地。云何能入菩薩正性離生。若不能入菩薩正性離生。云何能證無上菩提。若不能證無上菩提。云何能轉微妙法輪。若不能轉微妙法輪。云何能以聲聞獨覺無上乘法。安立有情令脫無邊生死大苦。安住清淨常樂涅槃。佛告善現。若一切法實有相者。諸菩薩摩訶薩應於中學。以一切法非實有相。無色無見無對一相。所謂無相。是故菩薩摩訶薩衆不於相學。亦復不於無相法學。所以者何。如來出世若不出世。法

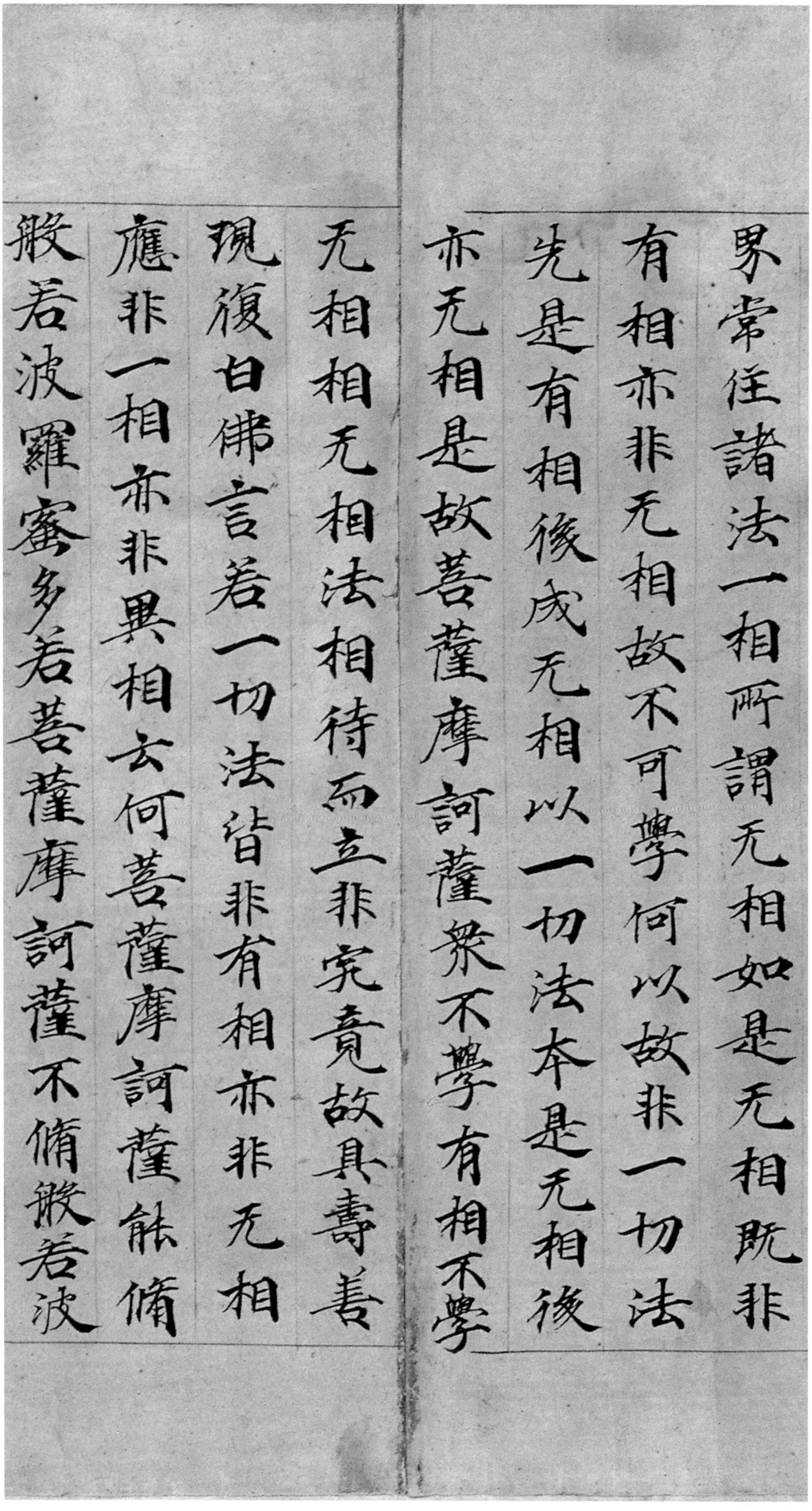

界常住諸法一相。所謂無相。如是無相既非有相亦非無相故不可學。何以故。非一切法先是有相後成無相。以一切法本是無相後亦無相。是故菩薩摩訶薩衆不學有相不學無相。相無相法相待而立非究竟故。具壽善現復白佛言。若一切法皆非有相亦非無相。應非一相亦非异相。云何菩薩摩訶薩能修般若波羅蜜多。若菩薩摩訶薩不修般若波

羅蜜多應不能超聲聞獨覺等地若不能超
聲聞獨覺等地應不能入菩薩正性離生若
不能入菩薩正性離生應不能起菩薩无生
法忍若不能起菩薩无生法忍應不能發菩
薩勝妙神通若不能發菩薩勝妙神通應
不能嚴淨佛土成熟有情若不能嚴淨佛土
成熟有情應不能得无上正等菩提若不能
得无上正等菩提應不能轉清淨法輪若不能

羅蜜多。應不能超聲聞獨覺等地。若不能超聲聞獨覺等地。應不能入菩薩正性離生。若不能入菩薩正性離生。應不能起菩薩無生法忍。若不能起菩薩無生法忍。應不能發菩薩勝妙神通。若不能發菩薩勝妙神通。應不能嚴淨佛土成熟有情。若不能嚴淨佛土成熟有情。應不能得無上正等菩提。若不能得無上正等菩提。應不能轉清淨法輪。若不能

轉清淨法輪則應不能方便安立諸有情類
令住聲聞乘果或住獨覺乘果或住无上乘
果亦應不能方便安立諸有情類令住施性
福業事或住戒性福業事或住脩性福業事
當得人天自在富樂佛告善現如是如是如
汝所說一切法非有相非无相非一相非異
相若菩薩摩訶薩知一切法若有相若无相
若一相若異相皆同一相所謂无相脩此无

轉清淨法輪。則應不能方便安立諸有情類令住聲聞乘果或住獨覺乘果。或住無上乘果亦應不能方便安立諸有情類令住施性福業事或住戒性福業事或住修性福業事當得人天自在富樂。佛告善現。如是如是。如汝所說。一切法非有相非無相非一相非异相。若菩薩摩訶薩知一切法若有相若無相若一相若异相皆同一相。所謂無相。修此無

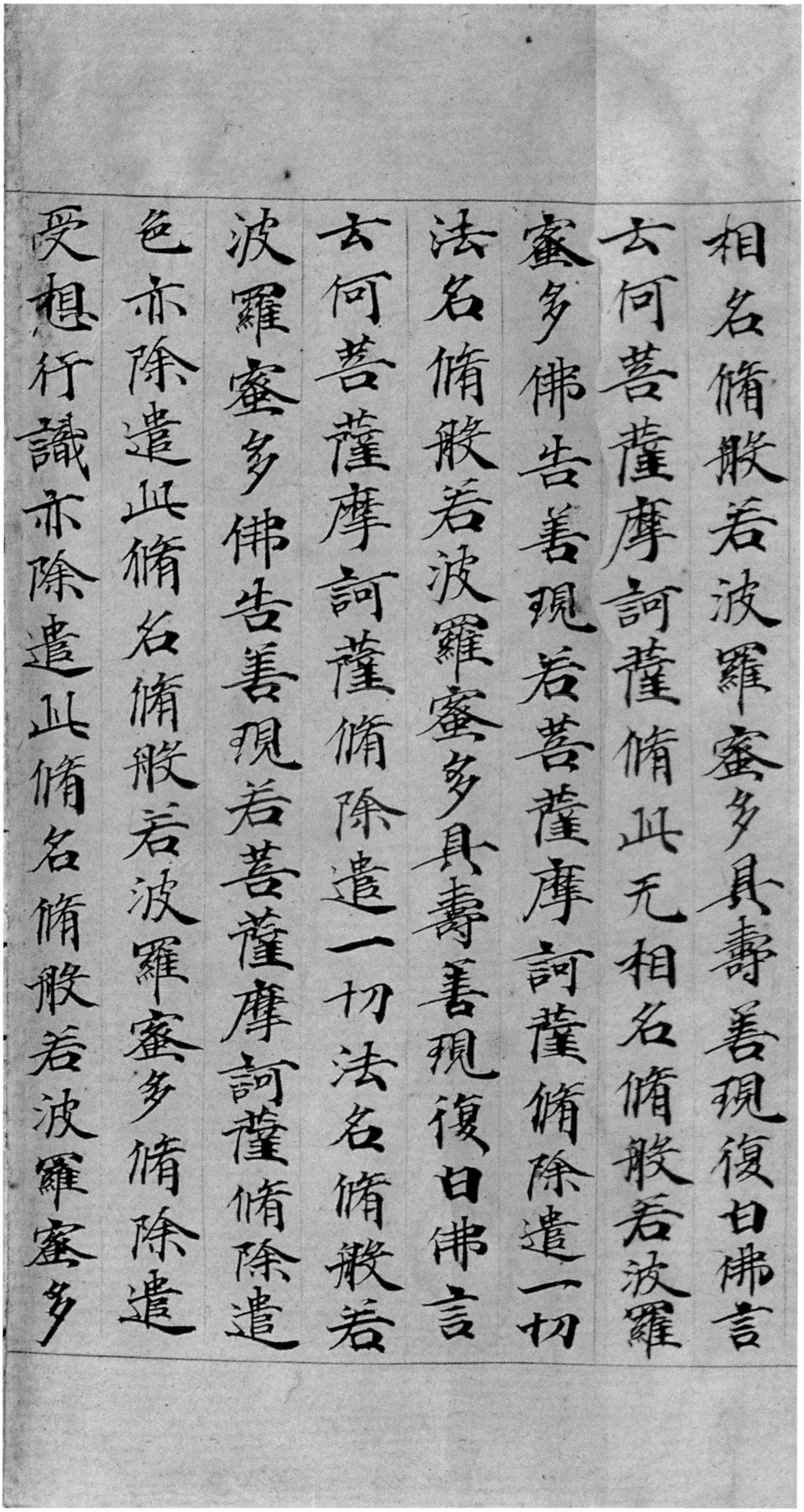

相名修般若波羅蜜多。具壽善現復白佛言。云何菩薩摩訶薩修此無相名修般若波羅蜜多。佛告善現。若菩薩摩訶薩修除遣一切法。名修般若波羅蜜多。具壽善現復白佛言。云何菩薩摩訶薩修除遣一切法。名修般若波羅蜜多。佛告善現。若菩薩摩訶薩修除遣色亦除遣此修。名修般若波羅蜜多。修除遣受想行識亦除遣此修。名修般若波羅蜜多。

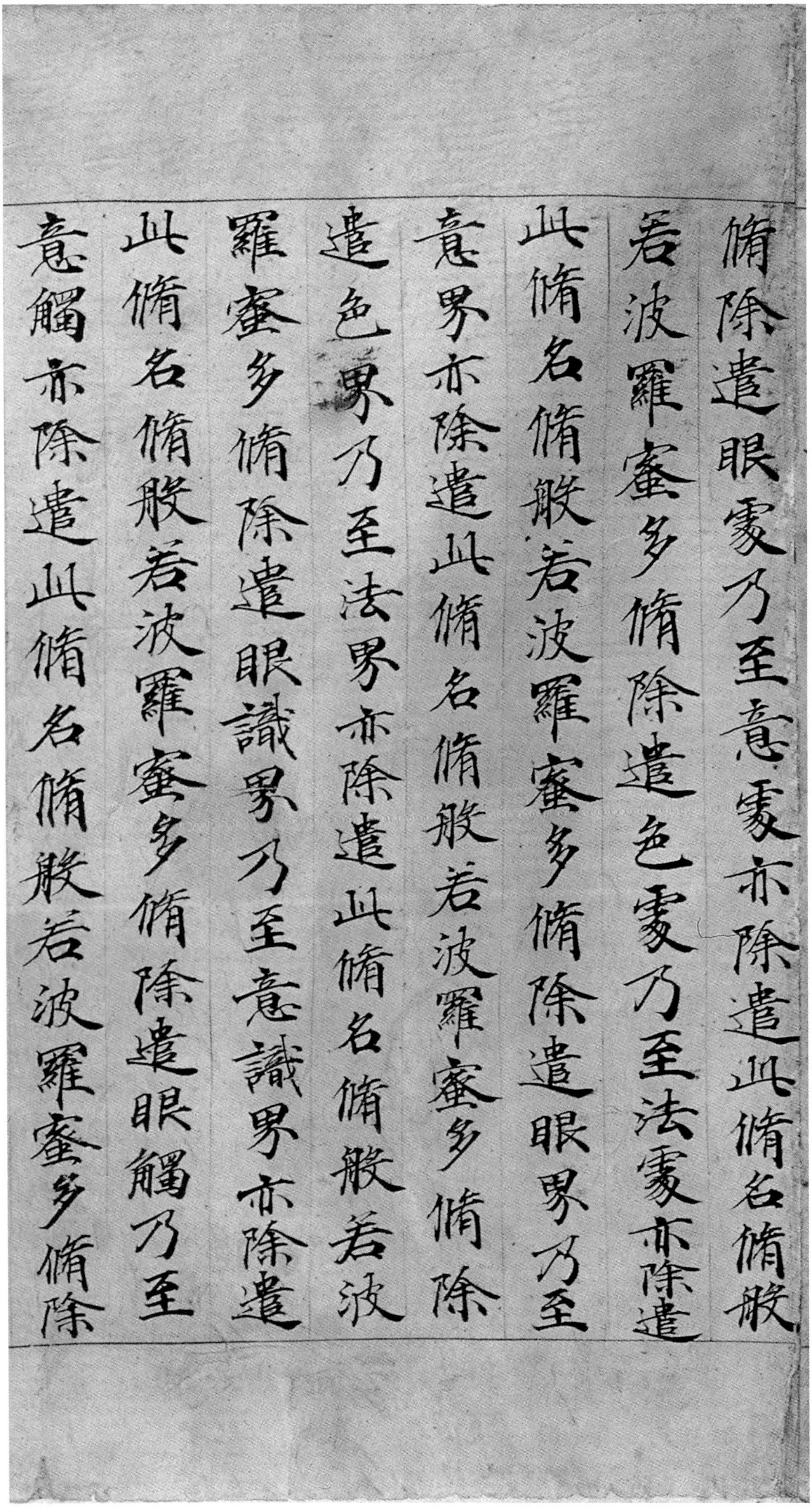

修除遣眼處乃至意處亦除遣此修。名修般若波羅蜜多。修除遣色處乃至法處亦除遣此修名修般若波羅蜜多。修除遣眼界乃至意界亦除遣此修。名修般若波羅蜜多。修除遣色界乃至法界亦除遣此修。名修般若波羅蜜多。修除遣眼識界乃至意識界亦除遣此修。名修般若波羅蜜多。修除遣眼觸乃至意觸亦除遣此修。名修般若波羅蜜多。修除遺眼觸為緣所生諸受乃至意觸為緣所生諸受亦除遺此修。名修般若波羅蜜多。修除遺地界乃至識界亦除遺此修。名修般若波羅蜜多。修除遺因緣乃至增上緣亦除遺此修。名修般若波羅蜜多。修除遺無明乃至老死亦除遺此修。名修般若波羅蜜多。修除遺入出生死及不淨觀亦除遺此修。名修般若波羅蜜多。修除遺四靜慮四無量四無色定亦除遣此修。名修般若波羅蜜多。修除遣佛隨念乃至息隨念亦除遣此修。名修般若波羅蜜多。修除遣無常相乃至滅想亦除遣此修。名修般若波羅蜜多。修除遣我想乃至見者想亦除遣此修。名修般若波羅蜜多。修除遣緣起想及非緣起想亦除遣此修。名修般若波羅蜜多。修除遣常樂我淨想及無常無樂無我無淨想亦除遣此修。名修般若波羅

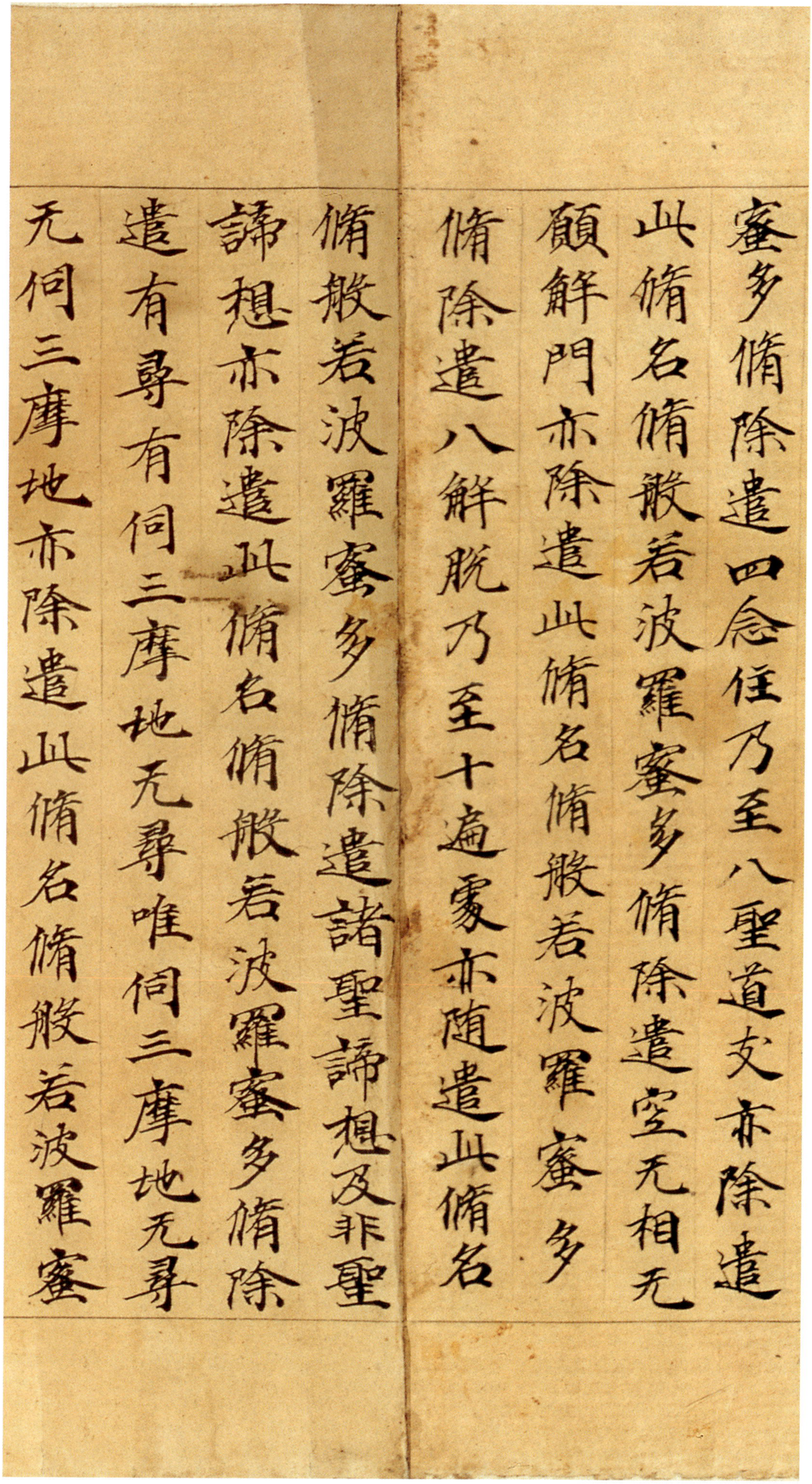

蜜多修除遣四念住乃至八聖道支亦除遣
此修名修般若波羅蜜多修除遣空无相无
願解門亦除遣此修名修般若波羅蜜多
修除遣八解脫乃至十遍處亦隨遣此修名
修般若波羅蜜多修除遣諸聖諦想及非聖
諦想亦除遣此修名修般若波羅蜜多修除
遣有尋有伺三摩地无尋唯伺三摩地无尋
无伺三摩地亦除遣此修名修般若波羅蜜

蜜多。修除遣四念住乃至八聖道支亦除遣此修。名修般若波羅蜜多。修除遣空無相無願解脫門亦除遣此修。名修般若波羅蜜多。修除遣八解脫乃至十遍處亦隨遣此修。名修般若波羅蜜多。修除遣諸聖諦想及非聖諦想亦除遣此修。名修般若波羅蜜多。修除遣有尋有伺三摩地無尋唯伺三摩地無尋無伺三摩地亦除遣此修。名修般若波羅蜜

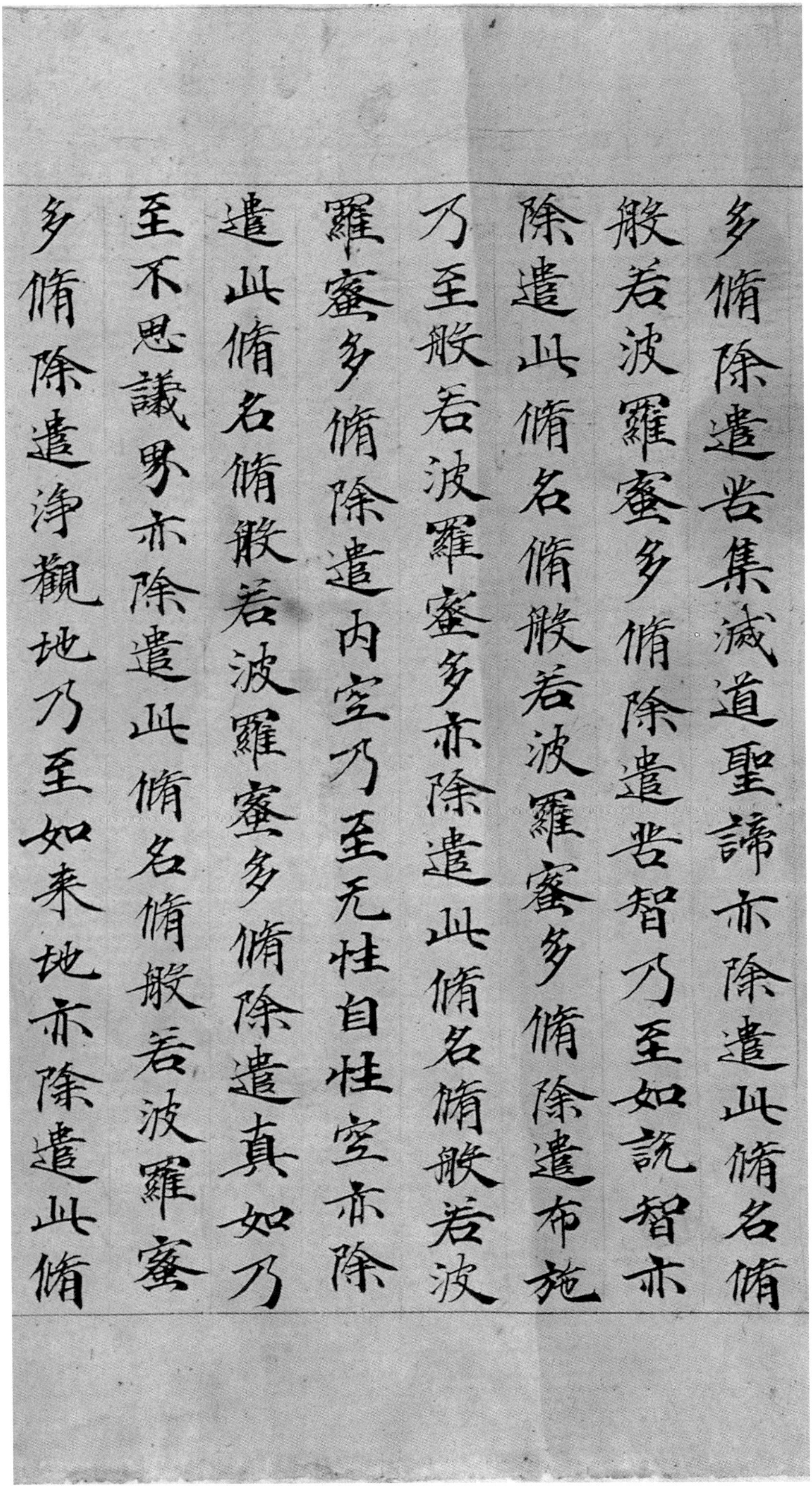

多。修除遣苦集滅道聖諦亦除遣此修。名修般若波羅蜜多。修除遣苦智乃至如說智亦除遣此修。名修般若波羅蜜多。修除遣布施乃至般若波羅蜜多亦除遣此修。名修般若波羅蜜多。修除遣內空乃至無性自性空亦除遣此修。名修般若波羅蜜多。修除遣真如乃至不思議界亦除遣此修。名修般若波羅蜜多。修除遣淨觀地乃至如來地亦除遣此修。

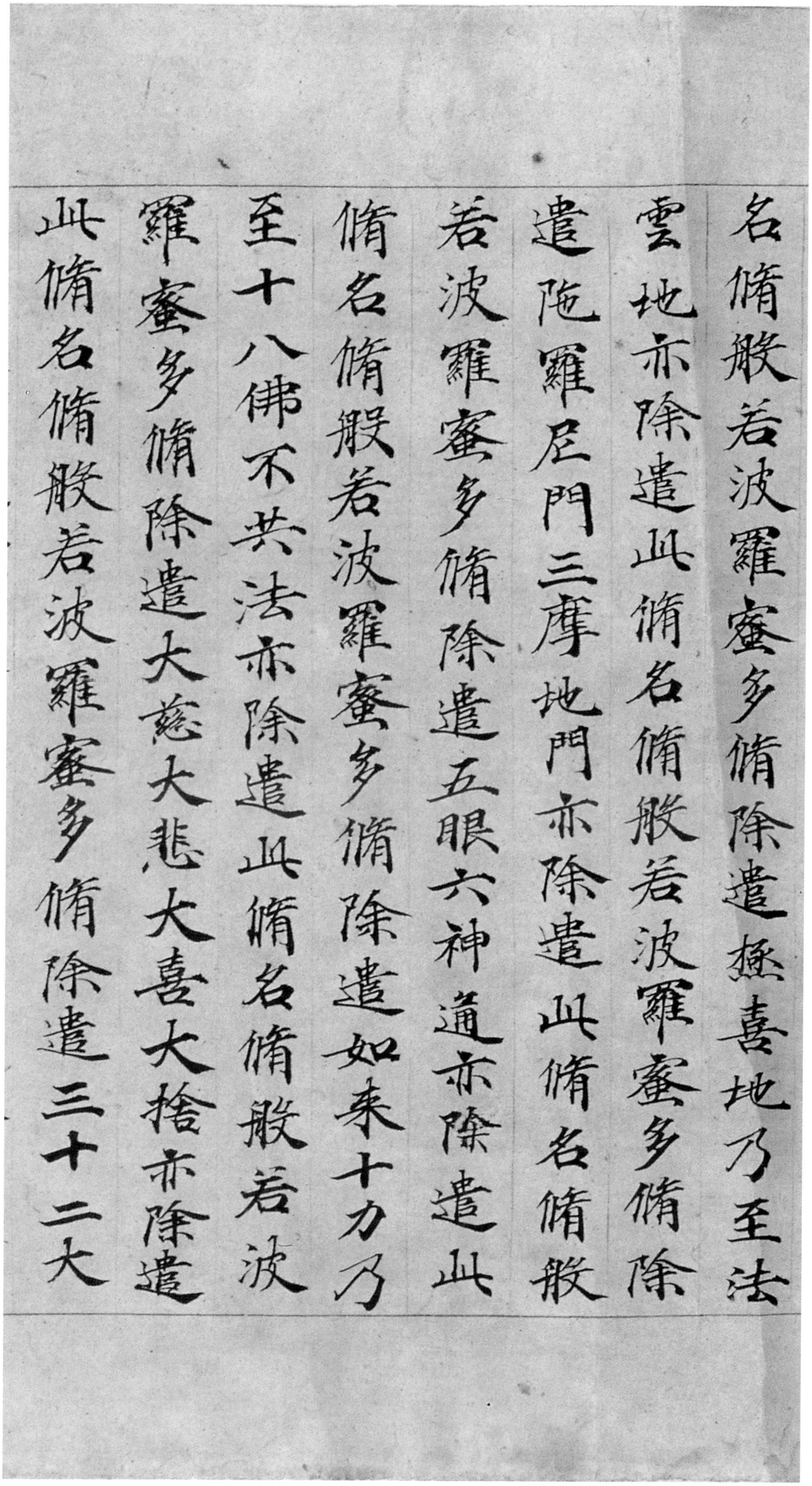
名脩般若波羅蜜多脩除遣極喜地乃至法
雲地亦除遣此脩名脩般若波羅蜜多脩除
遣陁羅尼門三摩地門亦除遣此脩名脩般
若波羅蜜多脩除遣五眼六神通亦除遣此
脩名脩般若波羅蜜多脩除遣如來十力乃
至十八佛不共法亦除遣此脩名脩般若波
羅蜜多脩除遣大慈大悲大喜大捨亦除遣
此脩名脩般若波羅蜜多脩除遣三十二大

名修般若波羅蜜多。修除遣極喜地乃至法雲地亦除遣此修。名修般若波羅蜜多。修除遣陀羅尼門三摩地門亦除遣此修。名修般若波羅蜜多。修除遣五眼六神通亦除遣此修。名修般若波羅蜜多。修除遣如來十力乃至十八佛不共法亦除遣此修。名修般若波羅蜜多。修除遣大慈大悲大喜大捨亦除遣此修。名修般若波羅蜜多。修除遣三十二大

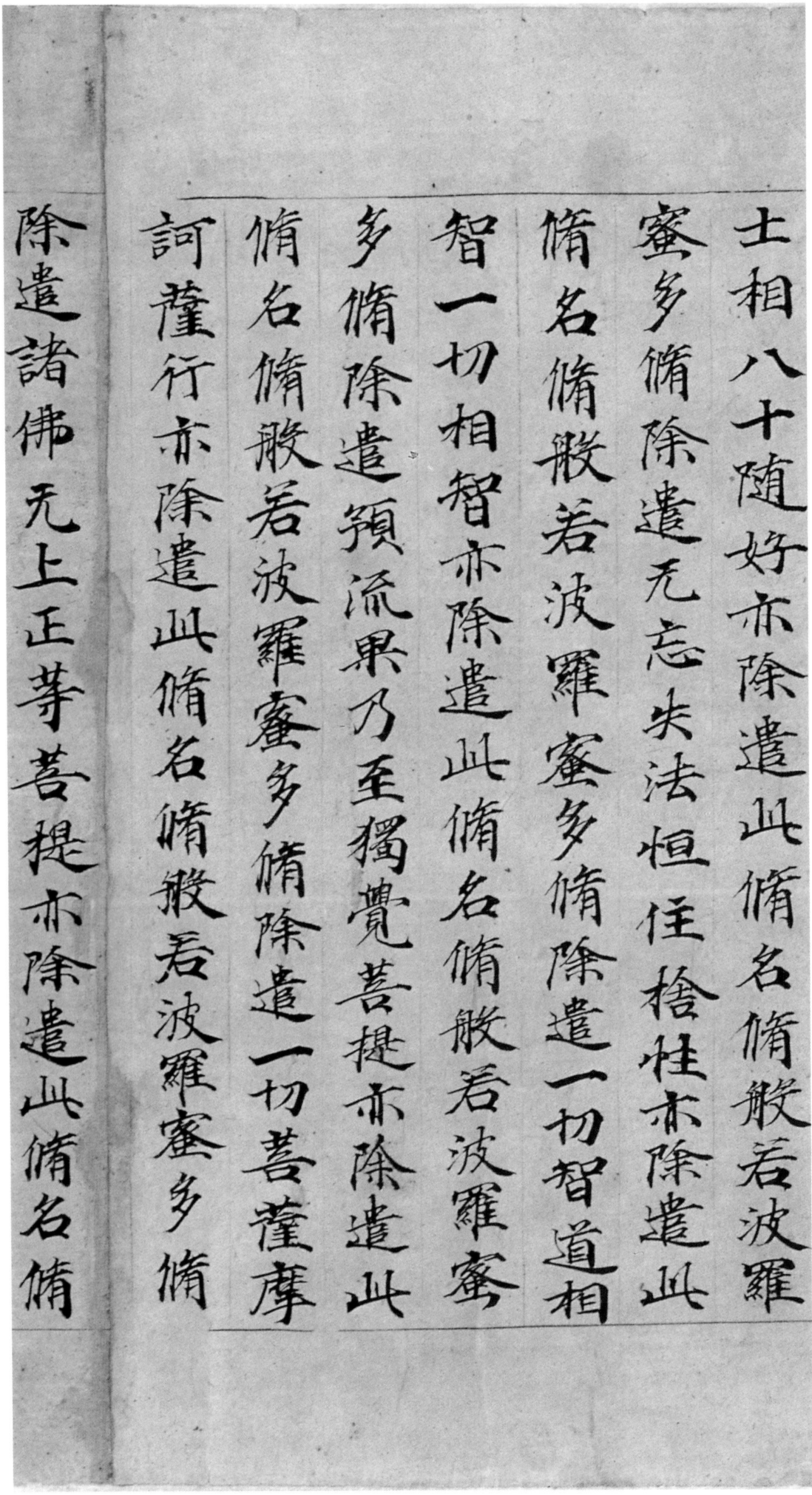

士相八十隨好亦除遣此修。名修般若波羅蜜多。修除遣無忘失法恒住捨性亦除遣此修。名修般若波羅蜜多。修除遣一切智道相智一切相智亦除遣此修。名修般若波羅蜜多。修除遣預流果乃至獨覺菩提亦除遣此修。名修般若波羅蜜多。修除遣一切菩薩摩訶薩行亦除遣此修。名修般若波羅蜜多。修除遣諸佛無上正等菩提亦除遣此修。名修般若波羅蜜多。修除遣永斷煩惱習氣相續亦除遣此修。名修般若波羅蜜多。修除遣一切智智亦除遣此修。名修般若波羅蜜多。爾時善現復白佛言。云何菩薩摩訶薩修除遣色亦除遣此修。名修般若波羅蜜多。修除遣受想行識亦除遣此修。名修般若波羅蜜多。廣說乃至修除遣永斷煩惱習氣相續亦除遣此修。名修般若波羅蜜多。修除遣一切

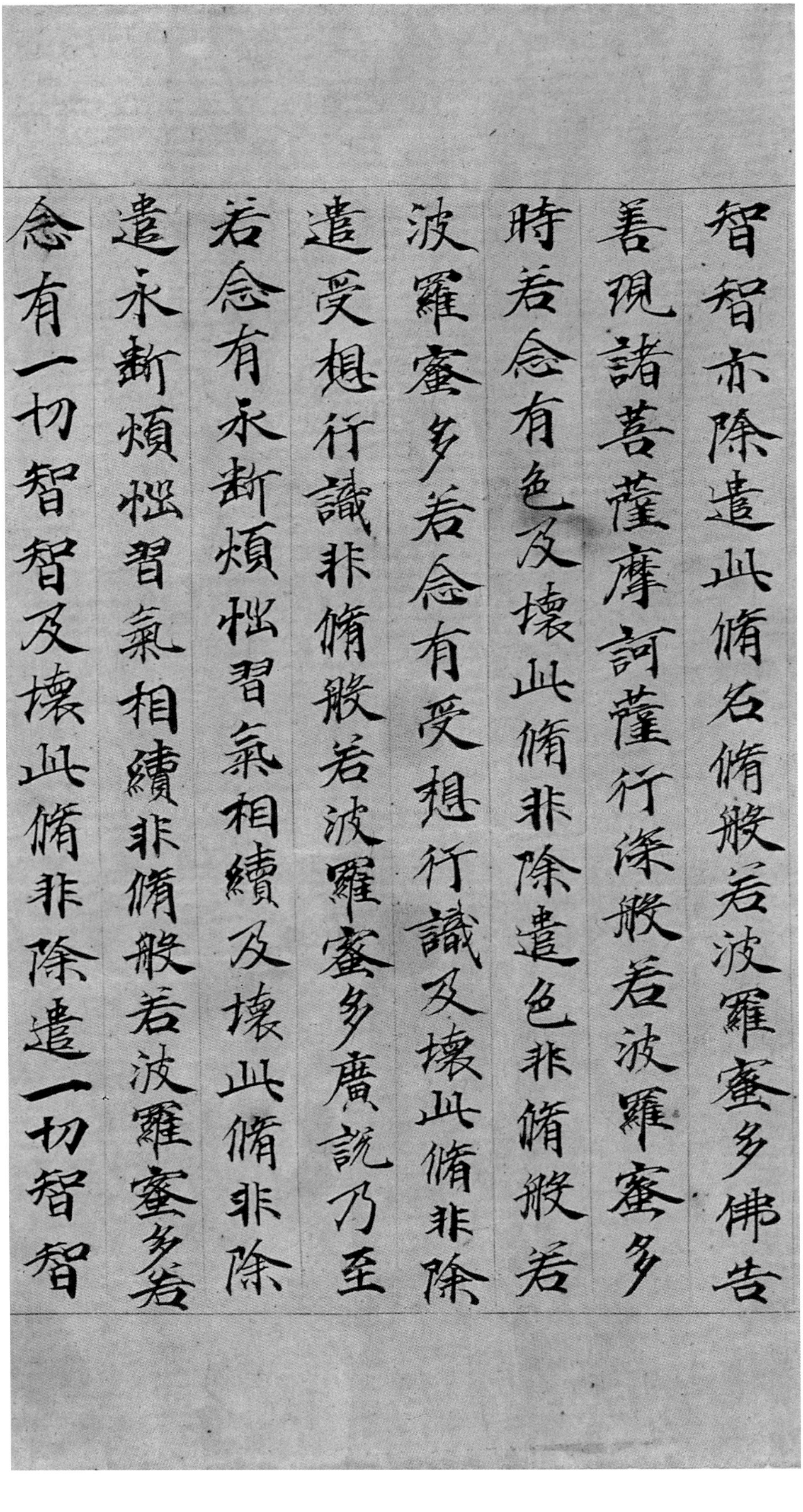
智智亦除遣此修名修般若波羅蜜多佛告
善現諸菩薩摩訶薩行深般若波羅蜜多
時若念有色及壞此修非除遣色非修般若
波羅蜜多若念有受想行識及壞此修非除
遣受想行識非修般若波羅蜜多廣說乃至
若念有永斷煩惱習氣相續及壞此修非除
遣永斷煩惱習氣相續非修般若波羅蜜多若
念有一切智智及壞此修非除遣一切智智

智智亦除遣此修。名修般若波羅蜜多。佛告善現。諸菩薩摩訶薩行深般若波羅蜜多時。若念有色及壞此修。非除遣色。非修般若波羅蜜多。若念有受想行識及壞此修。非除遣受想行識。非修般若波羅蜜多。廣說乃至若念有永斷煩惱習氣相續及壞此修。非除遣永斷煩惱習氣相續。非修般若波羅蜜多。若念有一切智智及壞此修。非除遣一切智智。

非修般若波羅蜜多。然諸菩薩摩訶薩行深般若波羅蜜多時。不念有色及壞此修。是除遺色。是修般若波羅蜜多。不念有受想行識及壞此修。是除遺受想行識。是修般若波羅蜜多。廣說乃至不念有永斷煩惱習氣相續及壞此修。是除遺永斷煩惱習氣相續。是修般若波羅蜜多。不念有一切智智及壞此修。是除遺一切智智。是修般若波羅蜜多。所以者何。非有想者斷貪嗔痴隨眠纏垢。能修般若波羅蜜多。是故善現。若菩薩摩訶薩修除遣色亦除遣此修。名修般若波羅蜜多。修遣受想行識及除遣此修。名修般若波羅蜜多。廣說乃至修除遣永斷煩惱習氣相續及除遣此修。名修般若波羅蜜多。修除遣一切智智及除遣此修。名修般若波羅蜜多。復次善現。住有想者不能修布施波羅蜜多乃至般若波羅蜜多。廣說乃至住有想者亦不能永斷煩惱習氣相續。亦不能修一切智智。所以者何。住有想者定當執有我及我所。由此執故便着二邊。着二邊故決定不能解脫生死。無道無涅槃。云何能如實修六波羅蜜多。廣說乃至永斷煩惱習氣相續。及能修習一切智智。具壽善現復白佛言。何等是有。何等是非有。佛告善現。二是有。不二是非有。具壽

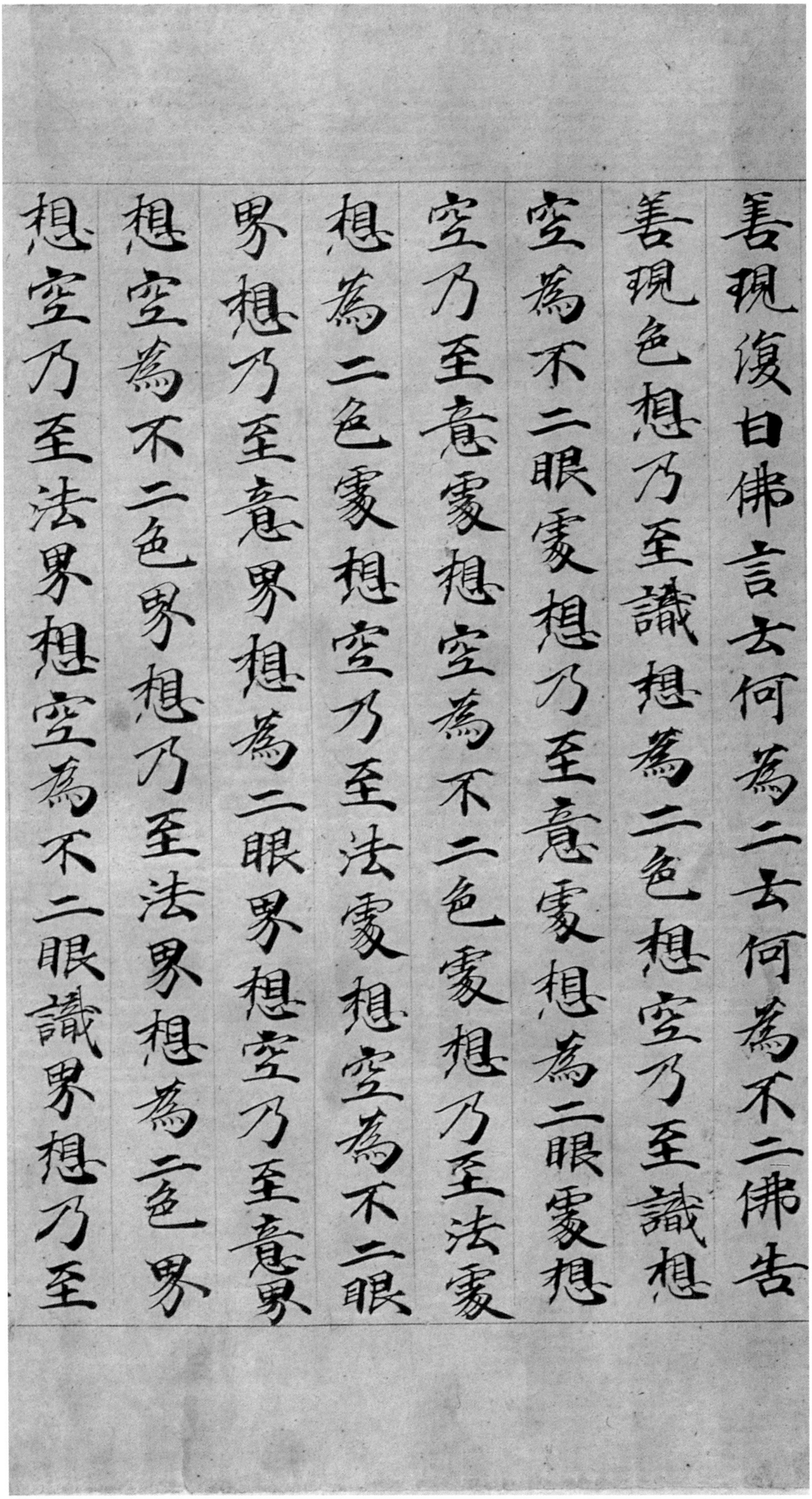

善現復白佛言云何為二云何為不二佛告
善現色想乃至識想為二色想空乃至識想
空為不二眼處想乃至意處想為二眼處想
空乃至意處想空為不二色處想乃至法處
想為二色處想空乃至法處想空為不二眼
界想乃至意界想為二眼界想空乃至意界
想空為不二色界想乃至法界想為二色界
想空乃至法界想空為不二眼識界想乃至

善現復白佛言。云何為二。云何為不二。佛告善現。色想乃至識想為二。色想空乃至識想空為不二。眼處想乃至意處想為二。眼處想空乃至意處想空為不二。色處想乃至法處想為二。色處想空乃至法處想空為不二。眼界想乃至意界想為二。眼界想空乃至意界想空為不二。色界想乃至法界想為二。色界想空乃至法界想空為不二。眼識界想乃至

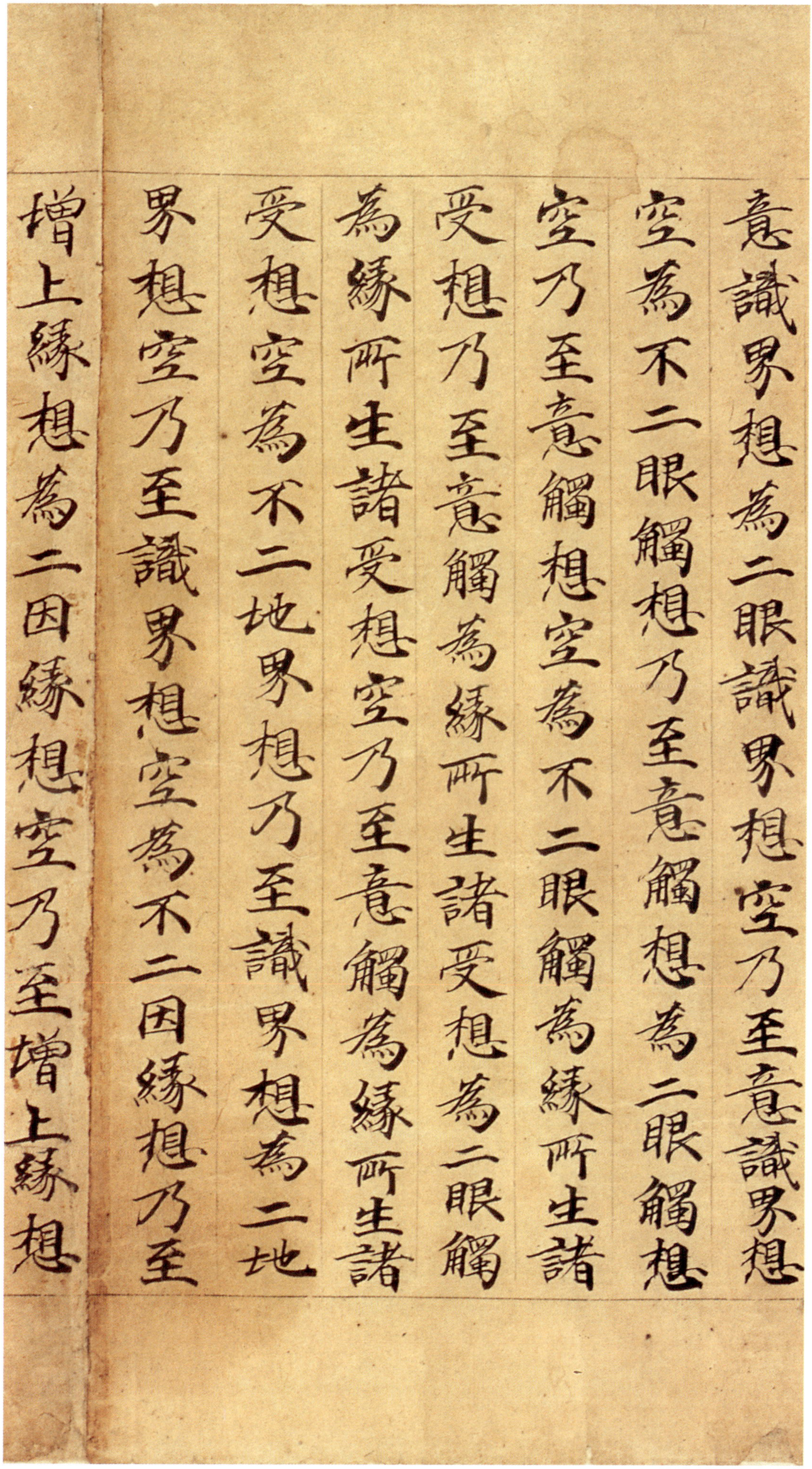

意識界想為二眼識界想空乃至意識界想
空為不二眼觸想乃至意觸想為二眼觸想
空乃至意觸想空為不二眼觸為緣所生諸
受想乃至意觸為緣所生諸受想為二眼觸
為緣所生諸受想空乃至意觸為緣所生諸
受想空為不二地界想乃至識界想為二地
界想空乃至識界想空為不二因緣想乃至
增上緣想為二因緣想空乃至增上緣想

意識界想為二。眼識界想空乃至意識界想空為不二。眼觸想乃至意觸想為二。眼觸想空乃至意觸想空為不二。眼觸為緣所生諸受想乃至意觸為緣所生諸受想為二。眼觸為緣所生諸受想空乃至意觸為緣所生諸受想空為不二。地界想乃至識界想為二。地界想空乃至識界想空為不二。因緣想乃至增上緣想為二。因緣想空乃至增上緣想

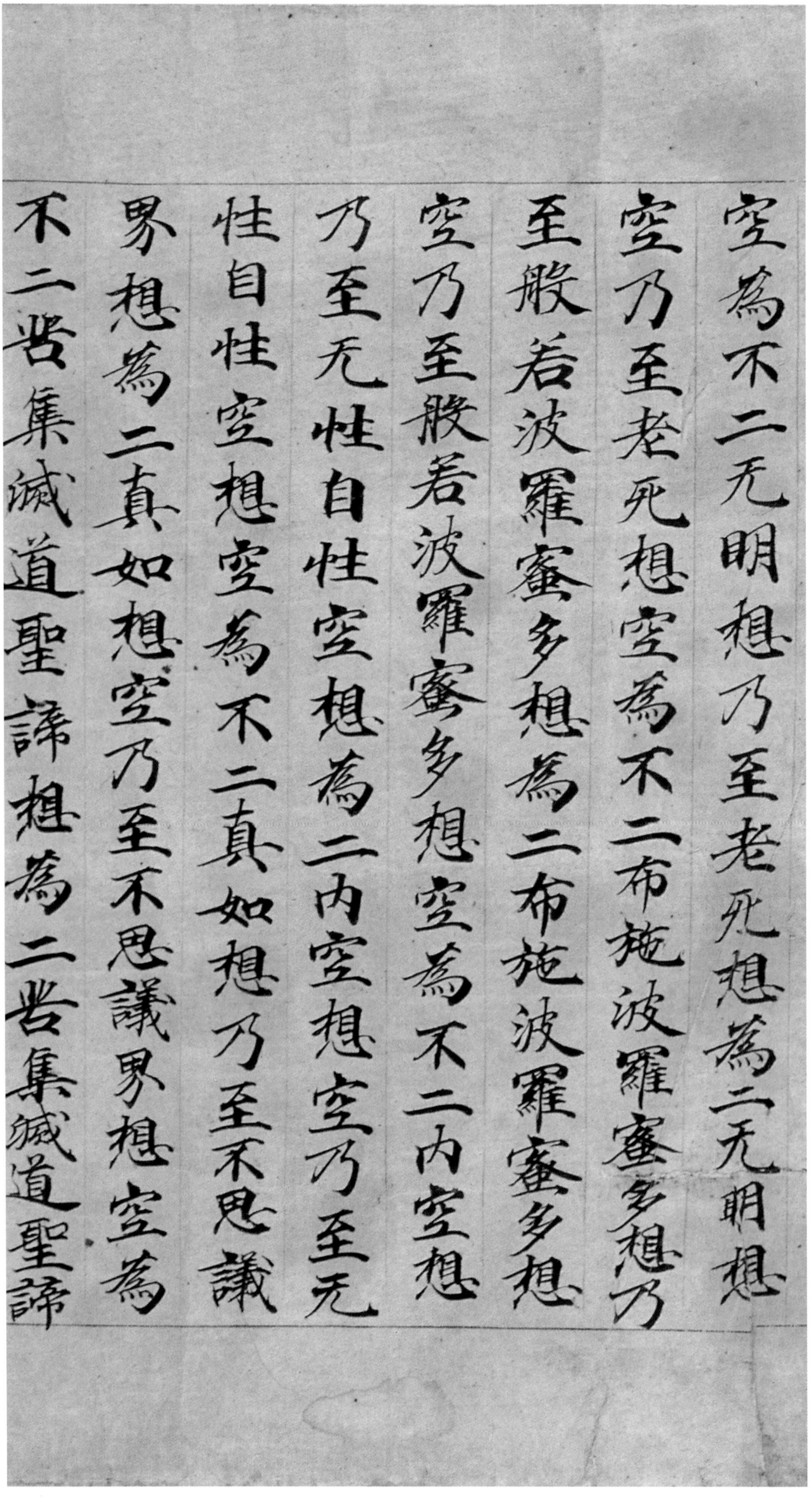

空為不二。無明想乃至老死想為二。無明想空乃至老死想空為不二。布施波羅蜜多想乃至般若波羅蜜多想為二。布施波羅蜜多想空乃至般若波羅蜜多想空為不二。內空想乃至無性自性空想為二。內空想空乃至無性自性空想空為不二。真如想乃至不思議界想為二。真如想空乃至不思議界想空為不二。苦集滅道聖諦想為二。苦集滅道聖諦

想空為不二四念住想乃至八聖道支想為
二四念住想空乃至八聖道支想空為不二
四靜慮四无量四无色定想為二四靜慮·四
无量四无色定想空為不二三解脫門想為
二三解脫門想空為不二八解脫想乃至十
遍處相為二八解脫想空乃至十遍處想空
為不二淨觀地想乃至如來地想為二淨觀
地想空乃至如來地想空為不二極喜地想

想空為不二。四念住想乃至八聖道支想為二。四念住想空乃至八聖道支想空為不二。四靜慮四無量四無色定想為二。四靜慮四無量四無色定想空為不二。三解脫門想為二。三解脫門想空為不二。八解脫想乃至十遍處相為二。八解脫想空乃至十遍處想空為不二。淨觀地想乃至如來地想為二。淨觀地想空乃至如來地想空為不二。極喜地想

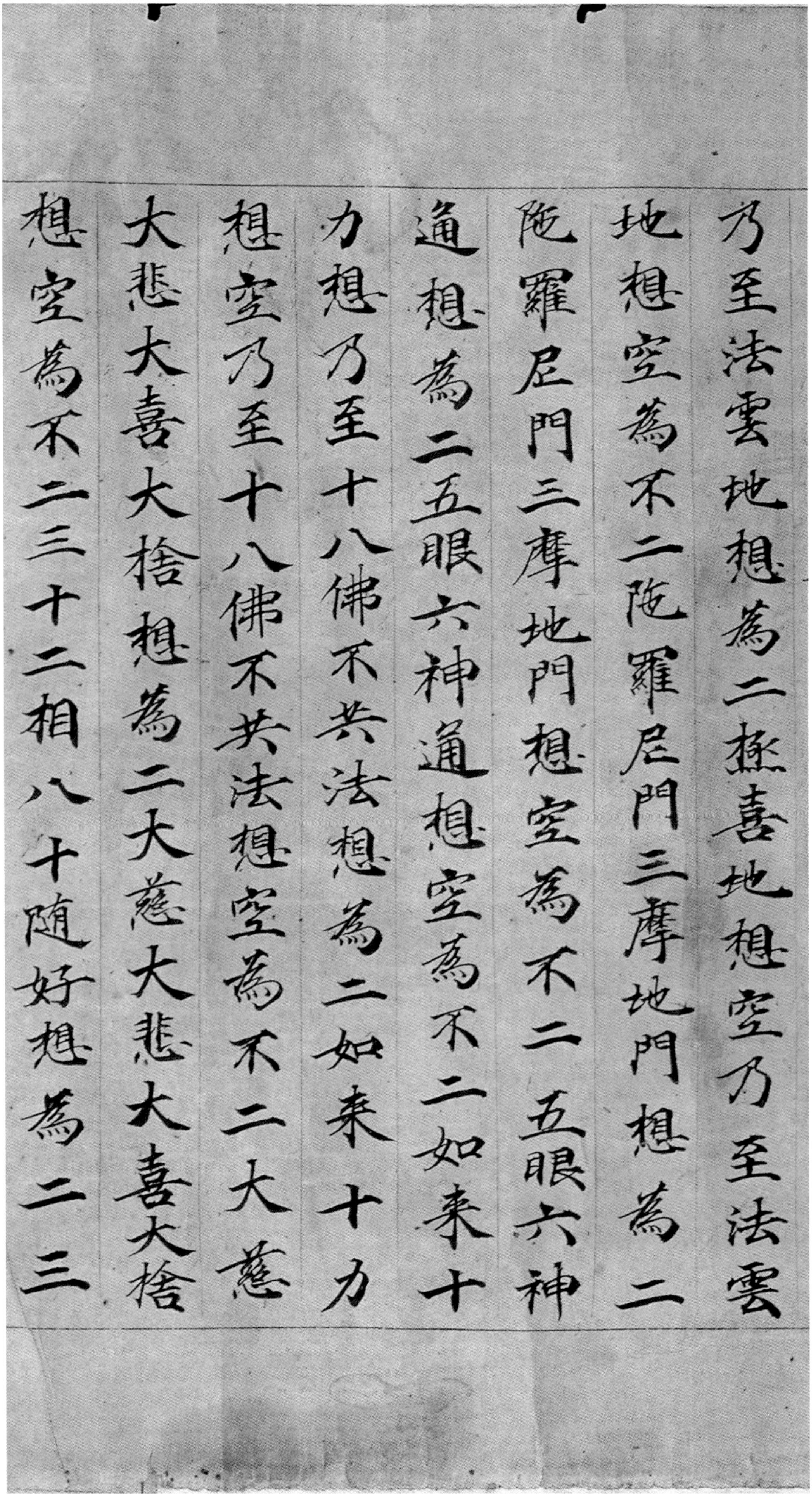

乃至法雲地想為二。極喜地想空乃至法雲地想空為不二。陀羅尼門三摩地門想為二。陀羅尼門三摩地門想空為不二。五眼六神通想為二。五眼六神通想空為不二。如來十力想乃至十八佛不共法想為二。如來十力想空乃至十八佛不共法想空為不二。大慈大悲大喜大捨想為二。大慈大悲大喜大捨想空為不二。三十二相八十隨好想為二。三

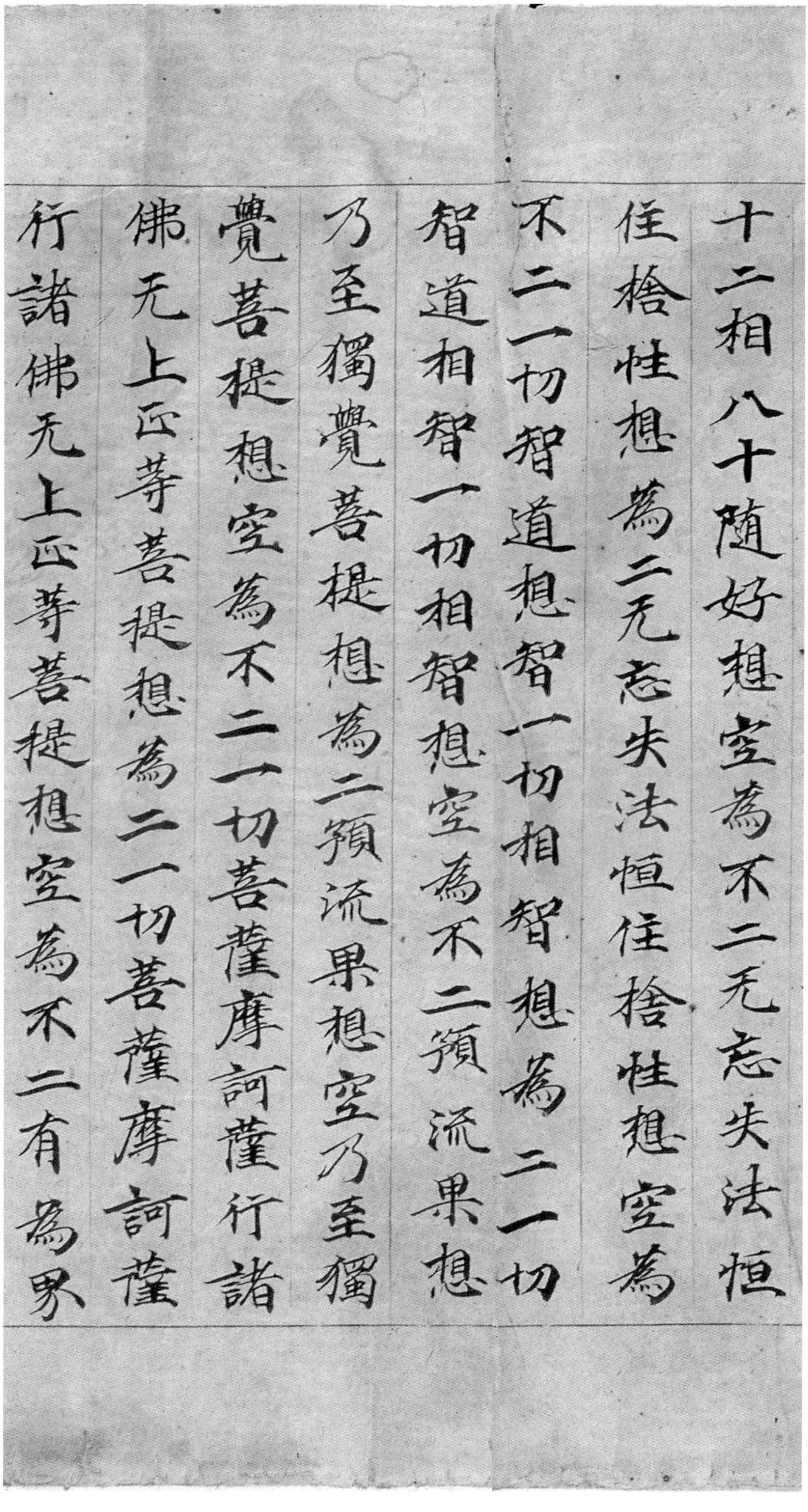
十二相八十隨好想空為不二无忘失法恒
住捨性想為二无忘失法恒住捨性想空為
不二一切智道想智一切相智想為二一切
智道相智一切相智想空為不二預流果想
乃至獨覺菩提想為二預流果想空乃至獨
覺菩提想空為不二一切菩薩摩訶薩行諸
佛无上正等菩提想為二一切菩薩摩訶薩
行諸佛无上正等菩提想空為不二有為界

十二相八十隨好想空為不二。無忘失法恒住捨性想為二。無忘失法恒住捨性想空為不二。一切智道想智一切相智想為二。一切智道相智一切相智想空為不二。預流果想乃至獨覺菩提想為二。預流果想空乃至獨覺菩提想空為不二。一切菩薩摩訶薩行諸佛無上正等菩提想為二。一切菩薩摩訶薩行諸佛無上正等菩提想空為不二。有為界無為界想為二。有為界無為界想空為不二。善現當知。乃至一切想皆為二。乃至一切二皆是有。乃至一切有皆有生死。有生死者不能解脫生老病死愁歎苦憂惱。善現當知。諸想空者皆為不二。諸不二者皆是非有。諸非有者皆無生死。無生死者便能解脫生老病死愁歎苦憂惱。由此因緣。當知一切有二想者。定無布施乃至般若波羅蜜多。無道無得

行諸佛无上正等菩提想空為不二有為界
无為界想為二有為界无為界想空為不二
善現當知乃至一切想皆為二乃至一切二
皆是有乃至一切有皆有生死有生死者不
能解脫生老病死愁歎苦憂惱善現當知諸
想空者皆為不二諸不二者皆是非有諸非
有者皆无生死无生死者便能解脫生老病
死愁歎苦憂惱由此因緣當知一切有二想

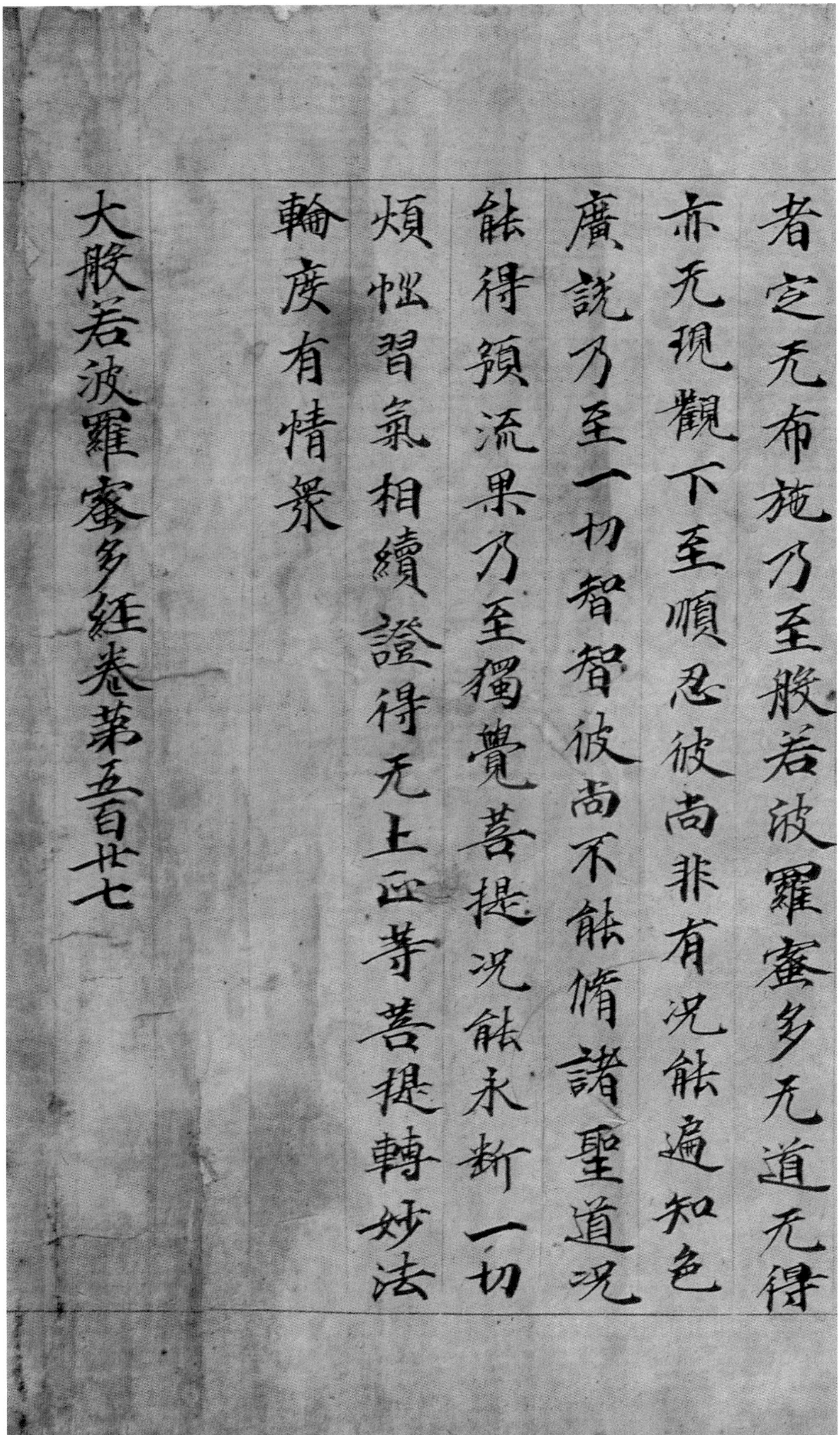
者定无布施乃至般若波羅蜜多无道无得
亦无現觀下至順忍彼尚非有况能遍知色
廣説乃至一切智智彼尚不能脩諸聖道况
能得預流果乃至獨覺菩提况能永斷一切
煩惱習氣相續證得无上正等菩提轉妙法
輪度有情衆
大般若波羅蜜多經卷第五百廿七

亦無現觀。下至順忍彼尚非有。況能遍知色。廣說乃至一切智智。彼尚不能修諸聖道。況能得預流果乃至獨覺菩提。況能永斷一切煩惱習氣相續。證得無上正等菩提。轉妙法輪度有情衆。

大般若波羅蜜多經卷第五百二十七